# FACULTÉ DE DROIT DE PARIS.

# THÈSE

POUR

# LE DOCTORAT

SOUTENUE

Par Paul-Frédéric FLEURY,

Avocat à la Cour Impériale.

PARIS,

CHARLES DE MOURGUES FRÈRES, SUCCESSEURS DE VINCHON,

Imprimeurs-Éditeurs de la Faculté de Droit de Paris,

RUE JEAN-JACQUES ROUSSEAU, 8.

1865

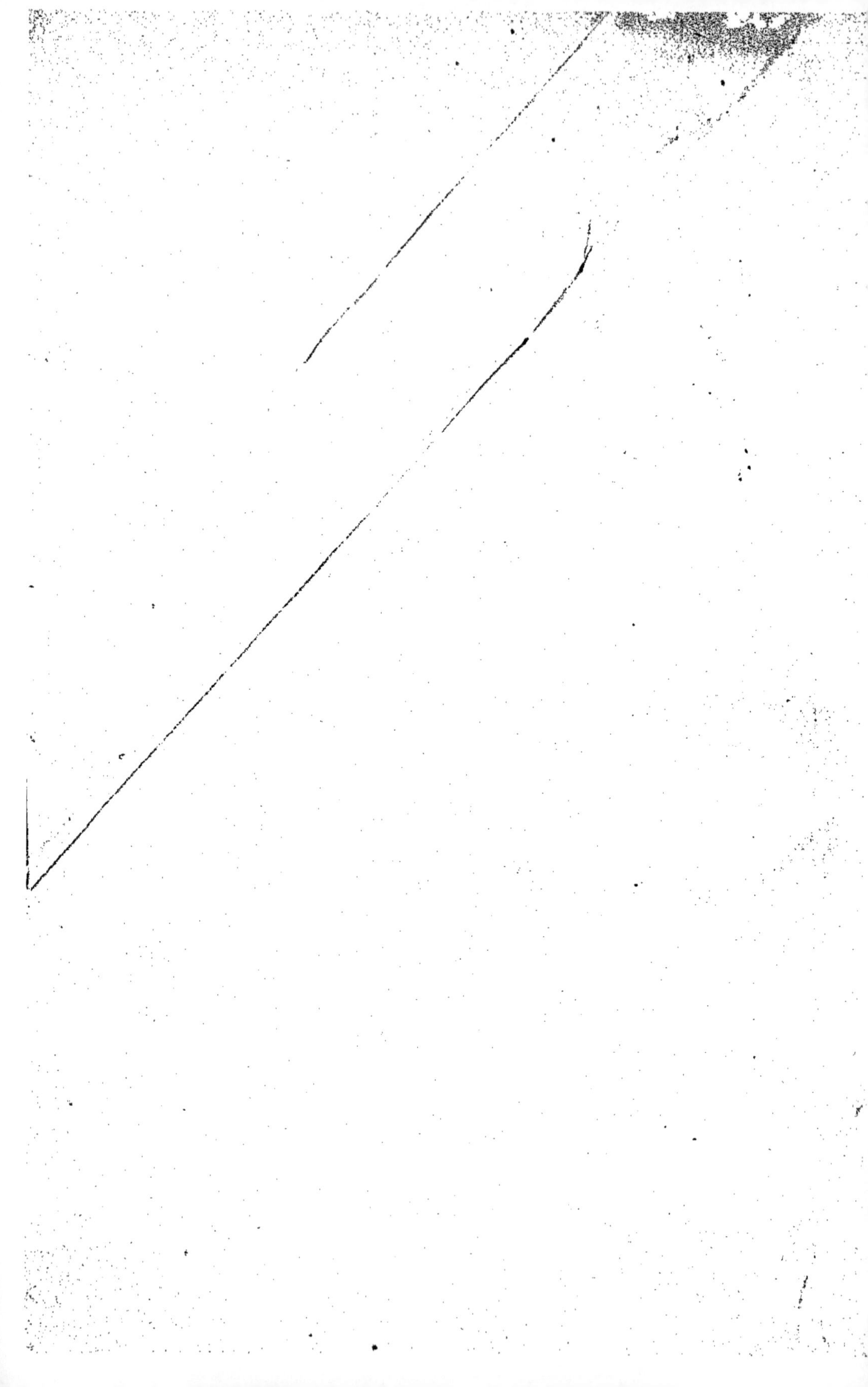

# DE LA LOI JULIA ET DU SÉNATUS-CONSULTE VELLÉIEN

## EN DROIT ROMAIN.

# DE LA PUISSANCE MARITALE

## EN DROIT FRANÇAIS.

# THÈSE

## POUR LE DOCTORAT

SOUTENUE

le lundi 14 août 1865, à 2 heures,

## Par Paul-Frédéric FLEURY,

AVOCAT A LA COUR IMPÉRIALE,

En présence de M. l'inspecteur général Ch. GIRAUD.

Président : **M. DEMANGEAT**, Professeur.

Suffragants :
MM. **BONNIER**,
**COLMET DE SANTERRE**, } Professeurs.
**DEMANTE**,
**VERNET**, Agrégé.

*Le Candidat répondra aux questions qui lui seront faites sur les autres matières de l'enseignement.*

# PARIS,

CHARLES DE MOURGUES FRÈRES, SUCCESSEURS DE VINCHON,
IMPRIMEURS-ÉDITEURS DE LA FACULTÉ DE DROIT DE PARIS,
Rue J.-J. Rousseau , 8.

1865.

A MON PÈRE, A MA MÈRE.

———

A MES AMIS.

# DROIT ROMAIN.

—

## INTRODUCTION.

### DE LA CONDITION DES FEMMES ROMAINES.

L'enlèvement des Sabines a été contesté, mais s'il est vrai qu'il ait eu lieu, il semblerait que Rome ne voulût jamais oublier qu'il avait fallu la ruse et la violence pour retenir dans ses murs des femmes étrangères. Leur condition fut longtemps si misérable qu'on eût dit que les Romains n'avaient point de femme, mais d'utiles esclaves. En guerre continuelle contre leurs voisins, ils passaient leur vie dans les camps et ne rentraient dans leur famille que pour se préparer à de nouveaux combats; on comprend donc qu'il fut presque impossible à la femme d'exercer son influence naturelle, qui, dans des jours moins agités, l'eût promptement tirée de la servitude. La révolution qui chassa les rois de Rome et établit la république, fut encore pour la femme une cause nouvelle qui vint retarder son émancipation ; dans Rome entière, il n'y eut plus place que pour un seul sentiment, l'ambition, qu'on ne séparait pas encore de l'amour de la patrie.

Depuis longtemps déjà, les Romains avaient dépouillé leur rudesse primitive, et la condition des femmes demeurait aussi malheureuse que jamais. Elles étaient tombées dans un universel mépris, et le mariage était devenu quelque chose de si détesté, que pour l'encourager, le censeur Metellus Numidicus ne craignait pas de s'exprimer ainsi : « S'il était possible de n'avoir point « de femmes, nous nous délivrerions de ce mal, mais « comme la nature a établi qu'on ne peut guère vivre « heureux avec elles, ni subsister sans elles, il faut avoir « plus d'égard à notre conservation qu'à des satisfac-« tions passagères (1). »

Tout le monde connaît la harangue du vieux Caton sur la loi Voconia, si quelque chose pouvait faire oublier l'inconcevable dureté de ses paroles, c'est qu'elles étaient dictées par la peur ; ce fier républicain avait sans doute le pressentiment que du jour où les femmes cesseraient d'être traitées avec autant de dureté, elles ne se serviraient de leur influence que pour amollir les âmes, et que dès lors la liberté était perdue.

---

(1) Montesquieu, *Esprit des Lois.*

Mais quelques efforts que l'on fît pour retarder ce moment, les femmes finirent enfin par conquérir une telle influence que bientôt elle devint souveraine, et se manifesta avec d'autant plus de rigueur qu'on l'avait plus longtemps injustement comprimée. La république existait encore que l'une d'elles, Metella, avait assez de pouvoir sur Sylla, son mari, pour que le peuple romain la suppliât un jour d'obtenir du redoutable dictateur le rappel des bannis du parti de Marius (1). Mais ce fut sous l'empire, lorsque toutes les richesses de la terre affluèrent dans Rome, abandonnée avec ivresse au faste de ses empereurs, que cette domination féminine subjugua ceux qui se laissaient appeler les maîtres du monde.

Les empereurs furent les premiers à subir ce pouvoir : s'il en faut croire Sénèque et Suétone, Auguste plus d'une fois prit les conseils de sa femme Livie ; Claude ne fut qu'un jouet entre les mains impures de Messaline, et Néron ne sut longtemps qu'obéir aux ordres de l'impérieuse Agrippine. On était bien loin de ces temps où l'entrée du Forum était interdite aux femmes, et leur participation aux affaires sagement refusée.

Après avoir indiqué le changement qui s'opéra dans la condition de la femme, il nous reste à examiner, au point de vue du droit civil, quelle fut d'abord cette condition et quelles furent aussi les modifications successives qu'elle reçut. Cette étude sera naturellement fort

------

(1) Plutarque, *Vie de Sylla*.

incomplète, puisqu'elle doit servir d'introduction au sujet qui fait particulièrement l'objet de cette thèse.

A l'origine, la femme vivait et mourait sous la puissance de son père ou de son mari ; après leur mort elle ne recouvrait pas sa liberté, mais avait à subir la tutelle perpétuelle de ses plus proches agnats. Fille de famille ou épouse elle ne possédait rien en propre, et ne pouvait acquérir que pour son père ou son mari. La femme tombait de trois manières sous la puissance de son mari, par l'usage, la confarréation et la coemption, (*usu, farreo, coemptione*).

1° Par l'usage. — D'après la loi des Douze Tables, les objets mobiliers s'acquéraient par l'usage ; ce mode d'acquisition fut appliqué à la femme, elle tombait au pouvoir de son mari si pendant un an elle était demeurée sous sa possession. Pour éviter ce résultat, elle devait chaque année, s'éloigner trois nuits de suite du domicile conjugal.

2° Par la confarréation. — C'était une espèce de sacrifice pour lequel on se servait d'un pain de froment (*farreus panis*) ; cette cérémonie religieuse était accompagnée de paroles solennelles qui s'échangeaient en présence de dix témoins. Tous ces détails sont empruntés à Gaius, mais les textes qui les rapportent n'ont pas été complétement rétablis ; ils font présumer que cette cérémonie était réservée aux seuls patriciens, dont les enfants arrivaient ainsi aux dignités sacerdotales (1).

3° Par la *coemptio*. — C'était une vente imaginaire qui

_______________

(1) M. Ortolan, *Explication historique des Institutes.*

se passait en présence de cinq témoins, citoyens romains, pubères, ainsi que d'un porte-balance.

Si le mari n'avait pas acquis la *manus* par l'un de ces trois modes, il n'avait aucun pouvoir sur les biens de sa femme, qui restaient dans la famille du père. Peu à peu les mœurs s'adoucirent, et, comme nous l'avons dit, les lois furent impuissantes pour empêcher la réaction qui s'opérait en faveur des femmes. La *manus* cessa d'être le droit commun ; une nouvelle législation vint régler les rapports des deux époux, l'émancipation de la femme donna naissance au régime dotal. La tutelle des agnats n'était plus qu'une tutelle dérisoire, ainsi que l'atteste cette raillerie de Cicéron : *Mulieres omnes propter infirmitatem consilii majores in tutorum potestatem esse voluerunt : hi invenerunt genera tutorum quæ potestate mulierum continerentur.* (1)

Aussi sous l'empereur Claude la loi *Claudia* supprima complétement la tutelle des agnats.

Les femmes avaient recouvré leur indépendance, et si les jurisconsultes s'obstinaient encore à leur reprocher leur faiblesse, leur légèreté d'esprit, elles pouvaient se consoler de ce moment d'humeur, en leur montrant toutes ces inutiles entraves du passé qu'elles étaient parvenues à briser en dépit des lois elles-mêmes. Cependant il ne faudrait pas croire que la capacité civile de la femme fût jamais égale à celle de l'homme ; de nombreuses traces de son ancien abaissement restèrent toujours dans les institutions, c'est ainsi qu'elle ne pouvait ni adopter ni être

---

(1) *Oratio pro Murena.*

adoptée (Gaius, Com. 1, p. 100, 104), ni figurer comme témoin dans une mancipation (*Id.* C. 1, p. 119) ou dans un testament (loi 20, p. 6, D. *qui test. fac. poss.*), ni même dans aucun autre acte avant la loi *Julia de adulteriis*; elles ne pouvaient intervenir en justice pour des tiers, ni postuler pour autrui, ni être choisies pour *defensor* ou *procurator*. Ces dernières prohibitions se rattachaient aux dispositions du sénatus-consulte Velléien, qui interdisait aux femmes d'intervenir pour autrui. Enfin la dot qu'elles apportaient en se mariant devenait la propriété de leurs maris, qui n'en avaient pas eux-mêmes la libre disposition, puisque d'après la loi Julia ils ne pouvaient les aliéner qu'avec le consentement de leurs femmes.

Ce sont ces deux monuments si remarquables de la législation romaine que nous nous proposons d'étudier; un seul de ces textes pourrait facilement donner lieu à une très-volumineuse dissertation, cependant comme ces deux mesures législatives ont été inspirées par les mêmes idées de protection et de défiance à l'égard de la femme, il nous a paru difficile de traiter l'une sans également nous occuper de l'autre. Pour ne pas dépasser les bornes de ce travail, il nous faudra négliger plus d'un détail, et même nous restreindre à l'étude des principes fondamentaux.

# PREMIÈRE PARTIE.

## Explication de la loi Julia, de adulteriis, en ce qui concerne l'inaliénabilité du fonds dotal.

## CHAPITRE PREMIER.

### DE LA PROPRIÉTÉ DU FONDS DOTAL.

*Lege Julia, de adulteriis cavetur, ne dotale prædium maritus, invita uxore, alienet* (liv. II, tit. 21, B. Sentences de Paul.) La loi Julia interdisait donc au mari d'aliéner le fonds dotal sans le consentement de la femme. De cette prohibition il faut conclure que le mari était propriétaire de la dot.

En effet, s'il était défendu au mari d'aliéner, c'est que la propriété de l'immeuble dotal lui appartenait, autrement cette défense aurait été inutile, puisque, d'après le droit commun, le propriétaire seul peut aliéner. Au reste, pour démontrer l'existence de la propriété du mari sur le fonds dotal, il n'est pas même besoin de recourir à ce raisonnement. Voici un passage de Gaius, qui ne peut laisser aucun doute : *Accidit aliquando ut qui dominus sit, alienandæ rei potestatem non habeat, et qui dominus non sit alienare possit ; nam dotale prædium, invita muliere, per legem Juliam prohibetur alienare, quamvis ipsius sit, vel mancipatum ei dotis causa, vel in jure cessum vel usucaptum* (1). Le mari était donc seul propriétaire des biens dotaux, et peu importait de quelle manière la dot avait été constituée. S'il y avait eu *datio dotis*, on comprend facilement que la propriété fût transmise au mari, mais comment pouvait-il en être encore ainsi au cas de *dictio dotis*, puisqu'il n'y avait alors qu'un droit de créance au profit du mari ? La réponse est facile, tant que cette créance existait, son objet ne pouvait évidemment pas devenir la propriété du mari, mais dès qu'il y avait payement valablement fait, la chose payée devenait dotale et se trouvait ainsi transférée au mari. Si la *dictio dotis* avait eu seulement pour objet *quod uxori maritus debebat*, l'explication est encore plus simple, cette chose appartenait déjà au mari et la *dictio* lui imprimait seulement le caractère de la dotalité.

Cependant un texte très-connu, de Typhoninus (Loi 75, *De jure dotium*), paraît attribuer à la femme la propriété de la dot : *quamvis in bonis mariti dos sit, mulieris tamen est.* Il ne faut pas donner à ces expressions une étendue qu'elles n'ont pas, elles signifient seulement qu'en vertu des rapports particuliers que crée le mariage, l'existence de la dot constitue pour la femme un très-réel avantage.

Cette explication nous est fournie par ce texte même qui se termine ainsi : *Hujus etiam (mulieris) constante matrimonio, quamvis apud maritum dominium sit, emolumenti potestatem esse creditur.* Durant le mariage, la propriété des choses dotales est au mari, mais l'émolument est aussi à la femme (2); elle en retire, en effet,

---

(1) Gaius, Com. II, §§ 62 et 63.
(2) M. Pellat, *Textes sur la dot*, p. 378.

un émolument actuel, puisque les fruits sont destinés aux besoins et aux charges du ménage.

## CHAPITRE II.

### NOTIONS GÉNÉRALES SUR LA LOI JULIA.

Sous Auguste, la corruption des mœurs était, paraît-il, devenue telle que l'on pouvait craindre de voir la population romaine s'éteindre faute d'assez nombreux mariages. Il fallait donc à tout prix encourager les justes noces (*justæ nuptiæ*), de là une série de lois qui, les unes, frappaient de peines sévères ceux qui s'obstinaient à rester dans le célibat, les autres assuraient la conservation de la dot de la femme afin qu'elle pût, après la mort d'un premier époux, contracter une nouvelle union. C'est ainsi que les lois Julia, *de maritandis ordinibus*, et Pappia Poppea, connus plus généralement sous le nom de lois caducaires, privaient le célibataire du *jus capiendi*, et le réduisait de moitié quand il s'ouvrait au profit d'hommes mariés qui n'avaient pas d'enfants. La loi Julia, *de adulteriis* punissait l'adultère et défendait au mari d'aliéner les biens de la femme sans avoir obtenu son consentement. On ne peut guère indiquer d'une manière précise la date des lois Julia, *de maritandis ordinibus* et Pappia Poppea; les uns les font remonter à l'an 736 de la fondation de Rome, les autres les placent en l'an 757; quant à la loi Julia, *de adulteriis*, elle date de l'an 737. Le texte de cette loi ne nous a pas été conservé, on en trouve seulement de nombreux commentaires aux textes du Digeste et du Code, *ad legem Juliam de adulteriis*. C'est à l'aide de ces documents que (1) le président Brisson essaya de rétablir le texte de cette loi.

De savants auteurs se sont demandé quel rapport il pouvait y avoir entre l'adultère et l'inaliénabilité du fonds dotal, et pourquoi ces deux matières étaient confondues dans une même loi.

Une première explication donnée par Hugo, consiste à dire que l'accusation d'adultère ne pouvant être intentée qu'après le divorce (2), il importait de conserver intacte la dot entre les mains du mari, qui eût été souvent dans l'impossibilité de rendre la dot et par suite de divorcer et d'intenter l'accusation d'adultère. On comprend donc que la loi Julia qui venait de réglementer l'action *adulterii*, ait fait en sorte que la faculté d'intenter cette action ne demeurât pas impuissante entre les mains du mari offensé.

Ce système fut longtemps adopté sans aucune contestation, mais dans ces derniers temps, il a rencontré une objection que son auteur, avec autant de malice peut-être que de modestie, a lui-même qualifié de bien simple. Voici comment M. Demangeat a posé l'objection: « Si « l'inaliénabilité du fonds dotal se rattachait seulement « à l'intérêt d'ordre public qui vient d'être indiqué, « peut-on croire que le législateur ne l'eût proclamé que « pour le cas où la femme ne consent pas à l'aliénation?

---

(1) Dig., 18, 8 ; Cod., 91, 9.
(2) Papinien., loi 11, p 10, *Ad legem Juliam., de adulteriis.*

« Évidemment rien de plus contradictoire que ces deux
« propositions : 1° La loi déclare le fonds dotal inalié-
« nable, parce que cette aliénabilité est une garantie
« que l'adultère de la femme ne restera pas impuni. —
« 2° Il dépend de la volonté de la femme que cette ga-
« rantie existe ou n'existe pas (1). » Après avoir ainsi
réfuté ce système, voici l'explication qu'il propose et que
nous adoptons : La loi Julia avait pour objet d'encourager le mariage, c'est pourquoi elle punissait l'adultère et
protégeait l'honneur du mari ; d'un autre côté, pour que
les femmes fussent plus facilement disposées à contracter des unions légitimes, elle leur donnait le pouvoir
d'arrêter par un refus de consentement l'aliénation de
leur fortune immobilière. Peut-être aussi pourrait-on
ajouter que la réunion dans une même loi, de ces deux
matières en apparence si dissemblables, fut un habile
calcul de la politique d'Auguste. En punissant l'adultère
des femmes, une irritation assez vive dut se produire
dans cette société déjà si corrompue, et Auguste con-
naissait trop l'influence des femmes pour ne pas s'effor-
cer de ménager ce mécontentement, qui eût pu devenir
dangereux pour son pouvoir encore mal affermi.

Il ne serait donc pas étonnant qu'il eût voulu que
cette même loi qui frappait les femmes dans leurs hon-
teux plaisirs, leur apportât une faveur nouvelle qui ne
pouvait être que bien accueillie, puisqu'elle diminuait
le pouvoir de leurs maris. De cette manière les femmes
ne crièrent pas trop contre les premières dispositions

---

(1) M. Demangeat, *De fundo dotali*, loi 1.

de la loi, et les hommes se consolèrent de perdre une partie de leurs droits sur la dot, en obtenant d'Auguste les moyens nécessaires pour remédier à la trop grande facilité de mœurs de leurs femmes.

## CHAPITRE III.

### QUELS SONT LES BIENS DOTAUX INALIÉNABLES.

Tous les textes que nous possédons sur la loi Julia concernent seulement l'aliénabilité des immeubles dotaux. Le titre du Digeste, où sont réunis les commentaires sur la loi Julia, celui du Code, qui renferme les constitutions impériales relatives à cette même loi, portent tous deux cette même dénomination : *De fundo dotali.* Justinien, dans ses Institutes, n'applique la loi Julia qu'aux *res soli; Lex, in soli tantummodo rebus locum habebat;* Princ. : *Quibus alien. licet vel non.*

Le mari demeurant en principe propriétaire de la dot, il faudrait un texte précis pour décider que la loi Julia avait également apporté une restriction à sa propriété mobilière. Or, loin de rencontrer ce texte, il en est plusieurs qui décident que la propriété mobilière dotale demeurait intacte entre ses mains. Dans la loi 21, *De manumissoribus* (40, 1), Papinien accorde au mari solvable le droit d'affranchir l'esclave dotal; s'il le refuse au mari insolvable, il ne faut voir en cela qu'une application de la loi Ælia Sentia : *Qui quibus ex causis manum. non poss. (Inst.* de Just., 1, 6.). Enfin voici une constitution de l'empereur Gordien qui ne peut laisser aucun doute : « Sive cum nupsisses mancipia in dotem dedisti, « sive post datam dotem de pecunia dotis maritus tuus « quædam comparavit, justis rationibus dominia eorum « ad eum pervenerunt; ideoque frustra quæstionem « super statu manumissorum conaris inferre; qui, ejus « facti qui comparavit vel in dotem accepit, ab eo jure « potuerunt manumitti. » (Loi 7, Code *de servo pign. dato manumisso*, VII, 8.)

Le mari pouvait donc affranchir l'esclave dotal, et, par conséquent, l'aliéner. Or si ce pouvoir d'aliénation lui était conféré sur l'esclave, il en résulte qu'il l'avait encore sur les autres objets mobiliers : personne n'ignore, en effet, que les esclaves étaient rangés parmi les choses mobilières les plus précieuses.

Si l'immeuble dotal avait été donné avec estimation, le mari pouvait en disposer sans s'occuper des dispositions restrictives de la loi Julia. Ce n'est plus alors l'immeuble qui est dotal, c'est la somme à laquelle il a été estimé, *æstimatio venditio est*. Ce principe est formellement reconnu par une constitution de l'empereur Alexandre Sévère. (Loi 6, Cod. *De usufructu*, III, 33.)

Il peut se faire que l'estimation de l'immeuble soit accompagnée d'une clause spéciale portant que l'immeuble lui-même devra être restitué à la femme; on retombe alors sous l'empire de la loi Julia, et l'immeuble demeure inaliénable. Néanmoins cette estimation est utile, car si l'immeuble vient à périr de telle manière que la perte soit imputable au mari, on saura, lors du remboursement de la dot, le montant de la somme que le mari devra restituer. Une seconde conséquence de cette estimation, c'est que le mari devient responsable de la *culpa levis in abstracto*. Ainsi le mari qui, d'après le droit commun n'est tenu que de la *culpa in concreto*, c'est-à-dire n'est responsable que des fautes qu'il ne commet pas habituellement dans ses propres affaires, devra désormais apporter à l'administration des choses ainsi estimées les soins d'un bon père de famille. (Ulpien, L. 52, § 3, *Pro socio*, 17, 2.)

L'estimation qui a été faite des immeubles dotaux peut présenter un caractère particulier. Supposons que deux maisons constituées en dot aient été estimées avec cette clause qu'elles seront rendues si elles subsistent encore lors de la restitution de la dot, sinon que l'estimation seule sera due. Si l'une des maisons vient à périr soit par un incendie, soit par toute autre cause, l'estimation de cette maison aura valu vente ; quant à l'autre maison qui subsiste encore, elle devra être restituée comme s'il n'y avait eu aucune estimation. (Loi 50, *Soluto matrimonio ;* D., liv. XXIV, tit. 3.)

Lorsque la dot comprend des créances sur des tiers, ces droits de créance sont-ils complétement à la disposition du mari ? Nous suivons la doctrine qui distingue si la créance est mobilière ou immobilière. Dans le premier cas, le mari peut disposer comme il lui plaît de la créance, dans le second, le consentement de la femme est nécessaire, il faut appliquer la loi Julia.

# CHAPITRE IV.

## LA LOI JULIA NE CONCERNE PAS LES ALIÉNATIONS NÉCESSAIRES.

Si l'aliénation des immeubles dotaux est amenée par un fait indépendant de la volonté du mari, la prohibition de la loi Julia ne sera pas applicable.

C'est ainsi que Paul nous dit (loi 1, *princip. de fundo dotali*) que le voisin auquel le mari a refusé de donner la caution *damni infecti* devient propriétaire de la maison donnée en dot, après le second décret qui l'a envoyé en possession *hic enim dominus vicinus fit, quia hæc alienatio non est voluntaria*. Cependant Paul ne veut pas dire que le voisin acquiert la propriété *ex jure quiritium*, il aura seulement la maison *in bonis*, et ce ne sera seulement qu'après une possession de deux ans qu'il deviendra *dominus ex jure quiritium*. Ce n'était qu'autant qu'il s'agissait d'une *in jure cessio* que le préteur pouvait conférer la propriété civile.

Sous Justinien, on ne distingue plus si quelqu'un possède une chose *ex jure quiritium* ou l'a seulement *in bonis*, le voisin devenait donc propriétaire du fonds, et pour arriver à ce résultat, il n'avait besoin ni de l'*usucapio*, ni de la *præscriptio longi temporis*.

Cette opinion de Paul, qui décide que l'aliénation est valable parce qu'elle n'est pas volontaire, pourrait peut-être donner lieu à une critique. Si le second décret a été rendu par le préteur, c'est que le mari n'a pas voulu donner la *cautio damni infecti* qui lui était demandée; il a donc consenti l'aliénation, car il n'a pu ignorer que son refus amènerait ce résultat. Paul aura sans doute pensé que le mari n'avait pas voulu directement aliéner, et que sa persistance à ne pas donner la *cautio damni infecti* n'avait eu d'autre but que de se soustraire à cet engagement, qui l'eût obligé dans le cas où le dommage se fût réalisé.

L'aliénation de la dot qui résulte de l'action en partage intentée contre le mari, ne tombe pas également sous la loi Julia. Soient Primus et Secundus propriétaires par indivis du fonds Cornélien, quelle est la nature de leur droit? Chacun d'eux possède par moitié chaque molécule du fonds Cornélien. Un partage est intervenu : Primus acquiert la partie située au nord, Secundus la partie située au sud. Que s'est-il passé? Primus a cédé la moitié de chaque molécule qui lui appartenait dans la partie sud, pour acquérir l'autre moitié qui appartenait à Secundus dans la partie nord; Secundus a fait la même opération.

Il y a donc là une véritable aliénation sous forme d'échange. Ainsi donc, si l'aliénation qui résulte du partage intenté contre la mari est déclarée valable, c'est que celui contre lequel l'action en partage est intentée ne peut s'y refuser; voilà un second cas d'aliénation nécessaire contre lequel la loi Julia ne peut rien.

Lorsque le fonds dotal est possédé par un tiers, le mari a le droit de le revendiquer. Il est de son intérêt de le faire, et voici pourquoi : si l'usucapion a commencé avant que le fonds ne soit devenu dotal, à la dissolution du mariage, le mari se trouvera dans l'impossibilité de restituer l'immeuble, qui sera devenu irrévocablement la propriété du tiers. Qu'arriverait-il si, malgré l'ordre du juge, le possesseur se refusait à restituer l'immeuble? Cette question a donné lieu, parmi les interprètes, à une controverse remarquable. Les uns soutiennent que tant que l'immeuble n'est pas usucapé le mari peut toujours se le faire restituer *manu militari*, les autres, au contraire, prétendent que le possesseur ne peut être forcé qu'à payer la condamnation pécuniaire. Le texte qui a donné lieu à cette discussion est la loi 68. *De rei vind,* (6, 1), dans laquelle Ulpien s'exprime ainsi : *Qui restituere jussus, judici non paret, contendens non posse restituere, si quidem habeat rem, manu militari, officio judicis, ab eo possessio transfertur.* Ce texte paraît bien général, cependant les partisans du second système ne veulent l'appliquer qu'au seul cas où le défendeur aurait faussement allégué qu'il lui était impossible de le restituer; *contendens non posse restituere.*

La loi Julia ne s'applique pas non plus aux transmissions qui s'opèrent *per universitatem.* Nous trouvons l'application de ce principe, en ce qui concerne l'hérédité, dans la loi 1, § 1, *De fundo dotali;* la loi 2, Princ., et § 1, applique le même principe au cas de l'esclavage du mari et de la confiscation de tous ses biens.

Il en était encore de même quand un citoyen se donnait en adrogation, tous ses biens passaient à l'adrogeant; enfin, si plusieurs personnes contractaient une société universelle *totorum bonorum,* les immeubles dotaux appartenaient en commun à tous les associés.

Dans tous ces cas, soit que le mariage vienne à se

dissoudre, soit qu'il subsiste, la condition du fonds ne sera pas changée; l'aliénation en sera toujours impossible pour le nouveau propriétaire.

## CHAPITRE V.

### DE LA RESTITUTION DE LA DOT EN CAS DE DÉCONFITURE DU MARI; DES DETTES DE LA FEMME PAR RAPPORT AU FONDS DOTAL.

Les biens dotaux appartiennent au mari; s'il devient insolvable et que ses créanciers procèdent à la *venditio bonorum*, le fonds dotal devait donc être compris dans cette vente. Mais la femme ne sera pas réduite à voir ainsi s'évanouir sa dot, le mariage sera réputé dissous; elle pourra figurer parmi les créanciers pour toucher sa part dans le prix. Afin d'arriver au recouvrement de sa dot, elle aura même un privilége *inter personales actiones* qui lui fera primer les autres créanciers chirographaires (loi 22, § 13, *Soluto matrimonio*, XXIV, 3). Il y avait cependant certaines créances qui l'emportaient sur celles de la femme : telles étaient les créances résultant des frais funéraires. Le fisc passait encore avant la femme pour ses créances contre les administrateurs comptables.

L'*emptor bonorum* est le successeur du mari, mais il aura plus de droit sur le fonds dotal que le mari n'en pouvait avoir. La femme est intervenue dans la *venditio*, elle a reçu le montant de sa dot; lors même qu'elle n'aurait touché qu'un dividende, elle n'a plus rien à demander, le fonds dotal se trouve ainsi dépouillé de son caractère d'inaliénabilité.

Maintenant, examinons quels effets peuvent avoir les dettes de la femme relativement à ce même fonds dotal. Avant de poser le principe qui régit ces sortes de dettes, mentionnons d'abord deux cas exceptionnels.

1er *Cas.*— L'immeuble que la femme constitue en dot est hypothéqué à l'un de ses créanciers. Le caractère de dotalité donné à cet immeuble par la femme ne peut mettre obstacle au droit du créancier qui intente contre le mari l'action quasi Servienne. (Loi 19, *qui potiores.* D., xx, 4.)

2e *Cas.*— L'immeuble apporté en dot a été ainsi constitué en fraude des créanciers, et le mari était *conscius fraudis.* L'action Paulienne sera intentée par les créanciers de la femme contre le mari, qui sera forcé de leur abandonner l'immeuble.

Ces deux cas exceptés, nous pouvons établir ce principe que les dettes de la femme, antérieures ou non à la constitution de dot, ne peuvent altérer les droits du mari sur les biens dotaux; mais, dès que le mariage sera dissous et la dot restituée, tous les créanciers pourront se faire payer sur les immeubles qui auront perdu leur caractère de dotalité.

Bien plus, si pendant le mariage, la femme était tourmentée par ses créanciers, le mari pouvait, si telle était sa volonté, faire une restitution anticipée de la dot (1). C'était un des cas où il était sans danger pour lui de

---

(1) M. Pellat, *Textes sur la dot,* p. 312 et suiv.

restituer la dot avant la dissolution du mariage. Ses biens ainsi restitués servaient à désintéresser les créanciers.

Le mari n'avait pas de recours contre la femme pour les dépenses voluptuaires ou d'entretien qu'il avait faites sur le fonds dotal; quant aux dépenses utiles on lui permettait de les déduire sur le montant de la dot. Il en était de même pour les dépenses nécessaires, elles diminuaient la dot *ipso jure*, mais il fallait entendre cette règle en ce sens, qu'elle s'appliquait seulement aux sommes pécuniaires; s'il s'agissait d'un corps certain, le mari avait seulement le droit de le retenir *quasi pignus*, tant que les dépenses ne lui avaient pas été remboursées. (Ulpien. Loi 5, Princip. et § 1. *De imp. in res dot. fact.*, XXV, I.)

# CHAPITRE VI.

### QUID SI L'IMMEUBLE DOTAL A ÉTÉ ALIÉNÉ ?

Si le mari aliène l'immeuble dotal sans que sa femme y consente, soit au moment de l'aliénation, soit à une époque postérieure, il fait un acte nul. Il ne faut pas séparer ce principe de cet autre qui est ainsi formulé par Ulpien, l'aliénation du fonds dotal est défendue toutes les fois qu'une action en recouvrement de la dot appartient ou doit sûrement appartenir à la femme. (L. 3, Princip. *De fundo dotali.*) Il résulte de ce dernier texte que l'aliénation n'est nulle qu'autant qu'il est de l'intérêt de la femme qu'il en soit ainsi ; c'est là une restriction fort importante dont nous aurons à examiner bientôt les conséquences. L'aliénation de l'immeuble dotal sera donc nulle si elle réunit ces deux caractères : 1° *elle a été faite sans le consentement du mari;* 2° *mulieri actio dedote competit, aut omnimodo competitura est.*

Quels seront les effets, soit par rapport au mari, soit par rapport à la femme, de cette aliénation défendue par la loi Julia? Le mari pourra pendant le mariage revendiquer le fonds contre l'acheteur; la vente est nulle en effet, l'immeuble n'a pas cessé d'appartenir au mari. L'acheteur ne pourra se servir de l'*actio empti* pour demander des dommages-intérêts au mari qui l'évince; cependant s'il avait payé son prix il invoquerait la *condictio indebiti.*

Supposons que le fonds n'ait pas été revendiqué, quel sera le droit de la femme au moment où l'action *rei uxoriæ* prend naissance? Il est évident que la revendication ne pourra être intentée par elle contre le tiers acquéreur, car la propriété de l'immeuble appartient toujours au mari; n'avait-elle donc aucun moyen de recouvrer l'immeuble dotal? Le mari est tenu de restituer l'immeuble dotal, il ne le possède plus il est vrai, mais il a toujours l'action en revendication, c'est donc cette action qu'il doit restituer à la femme; enfin en l'absence d'une cession effective, soit parce que le mari est mort, soit parce qu'il se refuse à faire cette cession, la femme obtenait du préteur une revendication utile.

Nous avons dit que l'aliénation de l'immeuble dotal opérée par le mari seul était valable si l'action en recouvrement de la dot ne pouvait naître au profit de la femme, voici plusieurs exemples que nous fournissent les textes :

La loi 17, *De fundo dotali*, prévoit le cas où la femme étant morte *in matrimonio*, c'est le mari qui gagne la dot. L'aliénation précédemment consentie par lui est valable; en effet, quel est le but de la loi? c'est de garantir à la femme la restitution de sa dot, il n'y a donc pas lieu de l'appliquer lorsque cette restitution est devenue impossible, comme dans l'espèce prévue.

De même si la dot était *profectice* et que la femme vint à mourir pendant le mariage, l'aliénation consentie par le mari sans la volonté de la femme serait encore valable. Il n'y a pas dans ce cas une action en recouvrement de la dot au profit de la femme; or, la loi 3, *Principium*, dit formellement que l'aliénation est seulement défendue, *quoties mulieri actio de dote competit, aut omnimodo competitura est.*

Cette décision est incontestable lorsqu'il s'agit d'un étranger qui a constitué la dot, pourquoi n'en serait-il pas de même pour l'ascendant? La seule faveur qui le distingue d'un étranger, c'est que si sa fille meurt *in matrimonio*, il peut se faire rendre la dot, même s'il n'en a pas stipulé la restitution. En dehors de ce privilège il doit subir les dispositions du droit commun.

La loi 13, § 3, *De fundo dotali*, pourrait faire croire que les droits des héritiers de la femme sont les mêmes que ceux de cette dernière; *heredi quoque mulieris idem auxilium præstabitur quod mulieri præstaretur.*

Cependant entre ces deux natures de droit, il existe des différences dont les principales sont les suivantes :

En général et en l'absence de toute stipulation, quand

le mariage se dissout par la mort du mari ou par le divorce, l'action de *rei uxoriæ* appartient à la femme.

Au contraire quand le mariage se dissout par la mort de la femme, le mari gagne la dot.

La femme ne pouvait même pas transférer à ses héritiers son action *rei uxoriæ*, à moins que le mari ou son héritier ne fût déjà mis en demeure.

Enfin la femme pour réclamer sa dot jouit d'un privilége *inter personales actiones* tandis que la même faveur n'est pas accordée à ses héritiers dans les cas où ils peuvent réclamer la dot. (Loi Un. Cod.: *De privil. dot.*, VII, 74.)

Il faut entendre la loi 13, P. 3, *De fundo dotali*, en ce sens qu'elle fournit aux héritiers de la femme un moyen d'attaquer l'aliénation de l'immeuble consentie contrairement aux dispositions de la loi Julia, toutes les fois qu'ils auront droit au recouvrement de la dot, c'est-à-dire lorsque la femme en avait stipulé la restitution, ou bien à défaut d'une semblable stipulation, lorsqu'elle était morte après avoir mis en demeure le mari ou ses héritiers.

De plus pour que ce droit de revendication passât aux héritiers de la femme, il fallait proLablement qu'elle ne fût pas encore morte au moment de l'aliénation de l'immeuble dotal. N'oublions pas en effet, que l'aliénation n'était nulle qu'autant que la femme pouvait intenter l'action *rei uxoriæ; quoties mulieri actio competit*, etc.; or, si la femme n'existait plus au moment de l'aliénation, il est bien certain qu'elle ne pouvait lui être nuisible, il n'y avait donc aucun motif pour l'annuler.

# CHAPITRE VII.

### DÉFENSE D'HYPOTHÉQUER LE FONDS DOTAL.

S'il fallait en croire Justinien (*Institut.*, liv II, tit. VIII, Princip.) ce serait la loi Julia qui aurait défendu d'hypothéquer le fonds dotal même avec le consentement de la femme. Cette même affirmation se trouve reproduite dans la loi Un. § 15, Cod., *De rei uxoriæ actione*, et dans la loi 4, *De fundo dotali*. Cependant des doutes nombreux se sont élevés, une théorie nouvelle a considéré la prohibition d'aliéner le fonds dotal comme une application du sénatus-consulte Velléien.

M. Demangeat explique ainsi l'origine de cette défense : « Supposons qu'une femme mariée consente à
« hypothéquer son bien paraphernal pour sûreté d'une
« dette que contracte son mari : sans aucun doute on
« voit là une *intercessio* et l'on tiendra pour nulle l'hy-
« pothèque ainsi consentie. Voici maintenant ce qui a dû
« arriver pour le fonds dotal : de même que sous l'em-
« pire de la loi Julia, le mari ne peut aliéner le fonds
« dotal à ses créanciers *contracta fiducia* qu'autant que
« la femme y consent ; de même quand le *pignus* et l'*hy-
« potheca* commencèrent à être usités, on doit y voir une
« aliénation dans le sens de la loi Julia, par conséquent
« ne permettre au mari de grever ainsi le fonds dotal
« que moyennant le consentement de sa femme. Puis en
« y regardant de plus près on dut se dire : si la femme qui

« consent une hypothèque sur son paraphernal au créan-
« cier de son mari fait une véritable *intercessio pro ma-*
« *rito*, serait-il raisonnable de ne pas considérer ainsi
« l'acte de la femme qui n'hypothèque pas elle-même
« (elle n'est pas propriétaire), mais qui consent à ce que
« le mari hypothèque le fonds dotal. »

Cette explication se trouve fortifiée par plusieurs textes, Gaius, dans le § 63 de son commentaire II, parle seulement de la défense d'aliéner; de même on lit dans les *Sentences* de Paul, liv. II, tit. 21, B, § 2 : *Lege Julia de adulteriis cavetur ne dotale prædium maritus invita uxore alienet.*

Quant au texte des Instituts et à celui de la loi 4, *De fundo dotali*, ils ont été considérés comme interpollés par les commissaires de Justinien, qui auraient voulu les mettre d'accord avec la loi *Un. Cod. De rei uxoriæ actione.*

Mais parmi tous les arguments qui ont été donnés, voici celui qui nous semble avoir la plus grande force : à l'époque où fut promulguée la loi Julia, le débiteur qui voulait fournir à son créancier une sûreté réelle, n'avait d'autre moyen que de lui transférer la propriété d'une chose *par mancipation* ou *per in jure cessio*, seule- ment il pouvait exiger que le créancier prît l'engagement par le contrat *de fiducie*, de lui retransférer cette pro- priété dès qu'il aurait été payé. La loi Julia devait donc nécessairement se borner à défendre au mari l'aliénation du fonds dotal; c'est donc commettre un anachronisme que d'attribuer à la loi Julia la défense d'hypothéquer le fonds dotal.

Dans ce système, qui rattache au sénatus-consulte

Velléien la défense d'hypothéquer le fonds dotal, il faut conclure que :

1° Si l'hypothèque a été constituée par le mari avec le consentement de la femme, pour garantir une dette de la femme, il n'y a pas *intercessio*, car la femme fait sa propre affaire, par conséquent l'opération est valable.

2° L'hypothèque sera valable toutes les fois qu'on pourra reprocher à la femme d'avoir cherché à tromper le créancier.

En effet, le sénatus-consulte Velléien ne pouvait être invoqué qu'autant que la femme avait été de bonne foi, *nam deceptis non decipientibus opitulatur*. (Ulpien, l. 2, § 3. *Ad. sen. Vellei.*, 16, 1.)


# CHAPITRE VIII.

### DE L'IMPRESCRIPTIBILITÉ DU FONDS DOTAL.

La loi Julia défend d'aliéner le fonds dotal, il ne peut donc être usucapé, *alienationes verbum etiam usucapionem continet; vix est enim ut non videtur alienare qui patitur usucapi.* (Loi 28, *Princip., de verborum sign.*) Peu importe que le tiers ait reçu le fonds dotal de bonne ou de mauvaise foi, l'usucapion n'aura pas lieu; la bonne foi de l'une des parties ne peut mettre obstacle à une prohibition de la loi.

De ce que l'usucapion n'est pas possible, il faut conclure que l'action Publicienne n'appartiendra pas au tiers qui aurait perdu la possession de l'immeuble dotal. A quoi servirait de lui accorder la Publicienne puisqu'il n'est pas *in causa usu capiendi;* c'est en vain qu'on lui ferait grâce de la durée du temps, si une possession indéfinie ne peut le conduire à l'usucapion.

Mais si la loi Julia, dès que le fonds dotal est devenu inaliénable, empêche de l'usucaper, elle ne porte aucune atteinte à l'usucapion valablement commencée avant la constitution de dot, et qui s'est légalement accomplie. (Loi 16, *De fundo dotali.*) On s'explique difficilement cette décision, car il est certain que l'aliénation ne se produit qu'au moment où l'usucapion est consommée.

Ce résultat avait sans doute été amené par l'application rigoureuse des principes du droit civil; en effet, l'usucapion une fois commencée ne pouvait cesser que pour une seule cause, la perte de la possession; tant que ce fait ne s'était pas produit, l'usucapion devait suivre son cours.

Lorsque l'usucapion d'un immeuble dotal avait commencé avant la constitution de la dot, le mari devait revendiquer cet immeuble entre les mains du possesseur, autrement, à la dissolution du mariage, il serait responsable envers sa femme de cette négligence.

Le fonds dotal est inaliénable et imprescriptible, non-seulement pendant le mariage, mais encore après sa dissolution, tant qu'il n'a pas été restitué à la femme. (Loi 12, *De fundo dotali.*)

## CHAPITRE IX.

### LA LOI JULIA MODIFIÉE PAR JUSTINIEN.

La loi Julia permettait au mari d'aliéner le fonds dotal

avec le consentement de sa femme, Justinien décide que ce consentement même serait inutile, et que dans aucun cas l'aliénation ne serait possible. (L. *Un. Cod.*, § 15, *De rei uxoriæ actione*, V, 13.)

Ce fut pour assurer l'efficacité des hypothèques successives qu'il avait accordées aux femmes mariées, que l'empereur établit cette prohibition.

Voici, en effet, ce qui pouvait arriver avant cette mesure : supposons qu'une femme mariée ait consenti à l'aliénation de l'immeuble dotal, ce sera en vain qu'elle invoquera l'hypothèque que Justinien lui avait donnée sur les biens apportés en dot, car en consentant à cette aliénation elle a tacitement renoncé au droit d'opposer son hypothèque privilégiée. Souvent même son hypothèque générale sur les autres biens du mari ne lui sera d'aucun secours ; il peut se faire que le mari n'ait d'autres biens que ceux apportés en dot, et s'il en a d'autres, peut-être sont-ils grevés d'hypothèques antérieures à celles de la femme. La restitution de la dot pouvait donc être sérieusement compromise. Justinien évita ce danger en ne permettant pas à la femme de donner son consentement pour l'aliénation de l'immeuble dotal. De cette manière elle était toujours assurée de conserver son hypothèque sur les choses apportées en dot.

Quant à l'hypothèque générale de la femme sur les biens du mari, Justinien lui conserva le droit d'y renoncer ; il lui est même permis de renoncer à son hypothèque privilégiée sur le fonds dotal estimé ; la constitution de Justinien s'exprime à cet égard en termes formels et consacre ainsi une constitution antérieure d'Anastase.

Justinien déclare aussi que la loi Julia s'appliquerait non-seulement à l'Italie, mais encore aux provinces, *non solum in italicis fundis sed etiam in provincialibus*. La loi Julia avait-elle donc déclaré qu'elle serait inapplicable aux fonds provinciaux? Nous n'avons aucun document qui puisse nous le faire croire, il paraît plus probable que ce furent les jurisconsultes qui limitèrent eux-mêmes l'application de la loi Julia à l'Italie.

Nous savons, en effet, que les fonds provinciaux appartenant soit au sénat, soit à l'empereur, n'étaient pas susceptibles d'une véritable propriété ; leur transmission ne pouvait procurer qu'une espèce de possession ou de jouissance. Or, comme la loi Julia défendait d'aliéner les immeubles dotaux, et que parmi les immeubles ceux-là seuls pouvaient être véritablement aliénés, auxquels le *jus italicum* avait été concédé, les jurisconsultes en avaient naturellement conclu que les fonds provinciaux ne tombaient pas sous la prohibition de la loi Julia.

Il nous reste encore à mentionner une dernière innovation, qui n'a plus trait, il est vrai, à la loi Julia, mais à la restitution de la dot. Nous savons qu'à l'époque classique du droit romain, la femme, pour répéter sa dot, n'avait que l'action *rei uxoriæ*, munie d'un privilége *inter personales actiones*. Justinien remplaça ce simple privilége par une hypothèque légale sur tous les objets apportés en dot, et leur donna l'option entre cette hypothèque et une action en revendication des choses dotales. On s'étonne de voir ainsi donner une action en revendication à la femme qui n'est pas propriétaire de la dot; cette action n'a pu être accordée à la femme que par une extrême faveur, et Justinien, pour la justifier, est réduit à invoquer une espèce de propriété naturelle qui appartiendrait à la femme, *cum easdem res ab initio uxori fuerunt et naturaliter in ejus permanserunt dominio* (Loi 30, *de jure dotium*, V, 12).

Enfin, Justinien mit le comble à toutes ces surprenantes faveurs en rendant sa fameuse constitution, qui est connue sous le nom de loi Assidius, et qui forme la loi 12 au Code, VIII, 18.

Pressé, dit-il, par les prières des femmes qui pleuraient leurs dots perdues (*dotes deperditas lugebant*), il établit au profit de la femme une hypothèque sur les biens du mari, qui lui permettait de primer les créanciers du mari, même ceux antérieurs à la naissance de cette hypothèque.

---

# DEUXIÈME PARTIE.

## Sénatus-consulte Velléien.

## CHAPITRE I<sup>er</sup>.

### ORIGINE, TEXTE ET MOTIFS DE SÉNATUS-CONSULTE VELLÉIEN.

La loi Julia fut pour les femmes le commencement d'une législation protectrice, qui s'inquiéta moins de favoriser leur liberté individuelle que de venir en aide à leurs intérêts pécuniaires; en étudiant le sénatus-consulte Velléien, nous suivrons le développement de cette partie si intéressante du droit romain.

Auguste, que l'on peut considérer comme ayant donné naissance à tout ce système, avait déjà défendu aux femmes d'intervenir pour leur mari ; Claude renouvela cette prohibition : *Et primo quidem temporibus divi Augusti, mox deinde Claudii edictis eorum erat interdictum, ne feminæ pro viris suis intercederint.* (L, 2, Princip., tit. I, liv. XVI, D.)

Mais ces édits ne prohibaient l'*intercessio* des femmes qu'en faveur de leur mari, et quelques jurisconsultes eī. avaient conclu qu'elles demeuraient libres d'intercéder pour autrui. Ce fut pour mettre un terme à cette interprétation que fut rendu le sénatus-consulte Velléien, dont voici le texte :

<table>
<tr><td>

Quod Marcus Silanus et Velleius Tutor consules verba fecerunt de obligationibus feminarum quæ pro aliis reæ fierint, quid de ea re fieri oportet, de ea re ita consuluerunt : quod ad fidejussiones et mutui dationes pro aliis, quibus intercesserint feminæ, pertinet, tametsi ante videtur ita jus dictum esse, ne eo nomine ob his petitio, neve in eas actio detur, cum eas virilibus officio fungi, et ejus generis obligationibus obtringi non sit æquum, arbitrari senatum recte atque ordine facturos, ad quos de ea re in jure aditum erit, si dederint ope-

</td><td>

Attendu que Marcus Silanus et Velleius Tutor, consuls, ont soumis, concernant les obligations des femmes qui se constitueraient débitrices pour d'autres, une proposition réglant ce qu'il faut décider à cet égard: il a été ainsi statué après délibération : En ce qui touche les fidéjussions et les emprunts pour d'autres, par lesquels les femmes intercéderaient, quoique déjà auparavant le droit semble avoir été fixé en ce sens que l'on ne donne contre elles ni action réelle ni action personnelle, puisqu'il n'est pas convenable que les femmes remplissent

</td></tr>
</table>

ram, ut in ea re senatus voluntas servetur.

des charges viriles et soient liées par des obligations du même genre, le sénat estime que ceux devant lesquels on se présentera en justice en pareil cas agiront sagement et régulièrement en veillant à ce que la volonté du sénat, sur ce point, soit observée.

La date précise de ce sénatus-consulte n'est pas connue ; on s'accorde généralement à le placer sous le règne de Claude. Comme nous l'avons déjà dit, le sénatus-consulte Velléien n'apportait aucune innovation, et il suffit de le lire pour être convaincu qu'il avait seulement pour but de remettre en vigueur les décrets d'Auguste et de Claude, dont certains jurisconsultes n'avaient pas voulu comprendre toute l'étendue.

Deux systèmes sont en présence pour déterminer les motifs qui donnèrent lieu à ce sénatus-consulte. Plusieurs auteurs sont d'avis que la pensée qui l'inspira fut un motif tout politique, et ils invoquent le texte même du sénatus-consulte : *Cum eas virilibus officiis fungi et ejus generi obligationibus obstringi non sit æquum.* Suivant eux, cette prohibition tiendrait à ce que la femme est incapable de remplir tout office civil ou public.

Nous préférons l'opinion de ceux qui prétendent que le Velléien a voulu protéger la femme, et c'est bien là ce que nous semblent vouloir dire les §§ 2 et 3 de la Loi 2, tit. I, lib. XVI, D. : *Opem tulit mulieribus propter sexus imbecillitatem multis hujusce modis casibus suppositis atque objectis.*

Voici comment Merlin (1) reproduit ce motif : « Ce sexe
« a une certaine propension à l'avarice, qui semble le
« garantir de tout ce qui peut un jour atténuer sa for-
« tune. Mais aussi la légèreté qui lui est propre ne lui
« permet pas toujours de faire de profondes réflexions,
« l'empêche d'être frappé des menaces d'un danger qui
« n'est pas sous ses yeux, et le livre entièrement à la dis-
« crétion d'un captateur adroit. »

Néanmoins, si nous croyons que ce sénatus-consulte
fut édicté pour protéger la femme, nous ne voulons pas
dire qu'on ne retrouve pas encore contre elle, en le li-
sant, quelques traces d'une vieille hostilité. Rien de plus
facile à comprendre que l'ancien esprit romain lutta
toujours contre cette idée, si longtemps inconnue, d'une
protection accordée à la femme ; c'est ainsi que l'on peut
s'expliquer les termes dédaigneux du sénatus-consulte :
*Cum virilibus, officiis,* etc. C'était comme une consolation
donnée à ceux qui regrettaient les rigueurs de l'ancien
droit ; mais qu'importait le motif allégué, puisque le but
était atteint !


## CHAPITRE II.

### DE L'INTERCESSION.

Le sénatus-consulte Velléien interdit aux femmes d'une
manière absolue d'intercéder pour autrui : *Velleiano se-*

---

(1) *Recueil de jurisprudence.* Sénatus-consulte Velléien.

*natusconsulto comprehensum est, ne pro ullo feminæ intercederent.* (Liv. xvi, tit. 1, loi 1, *Princip.*)

Il y a intercession toutes les fois qu'un tiers étranger à une obligation devient débiteur de cette obligation par un acte juridique intervenu entre lui et le créancier.

Cette définition est peut-être trop vague; nous allons essayer de la rendre plus précise, en ajoutant que toute intercession suppose :

1° Une personne qui devient débitrice;

2° Un créancier envers qui l'obligation est contractée;

3° Une personne qui recueille le bénéfice de l'obligation contractée par l'intercédant.

On divise généralement les modes d'intercéder en deux classes : ou bien la femme *suscipit in se veterem obligationem*, ou bien *suscipit in se novam obligationem.*

Se charger d'une obligation ancienne, c'est transporter sur soi une obligation déjà existante; se charger d'une obligation nouvelle, c'est devenir débiteur d'une obligation à la place d'un tiers, en l'empêchant de s'engager lui-même.

SECTION I.

1<sup>re</sup> Hypothèse. — *Suscipit in se veterem obligationem.* Ici une nouvelle distinction peut encore être faite :

1° La femme libère complétement le débiteur; 2° elle devient seulement sa codébitrice.

## Cas dans lesquels la femme se substitue complétement u débiteur.

Ce résultat se produit par l'*expromissio*, la délégation, la défense *pro alio*, la réponse à une interrogation *in jure*, et le compromis fait par la femme au nom d'un autre.

*Expromissio.*—Il y a *expromissio* lorsque la femme, dans l'intention d'opérer une novation par changement de débiteur, promet par stipulation de payer ce qui était dû par l'obligé primitif.

*Délégation.* — La délégation est un mandat qu'une personne donne au créancier de stipuler d'un tiers ce qui est dû par le débiteur, dans le but de faire une novation.

Si la femme est déléguée, elle intercède toutes les fois qu'elle n'est pas la débitrice du délégant, auquel cas elle fait sa propre affaire. Est-ce elle, au contraire, qui délègue un tiers, elle intercède encore, à moins qu'elle ne soit la débitrice du délégataire, ou la créancière du délégué ; dans ce dernier cas, elle n'a pas à redouter l'action *mandati contraria* que pourrait intenter un délégué qui ne serait pas son débiteur.

*Defensio pro alio.* — Supposez qu'une femme défende à une action intentée contre une autre personne ; une fois la *litis contestatio* prononcée, une nouvelle obligation prend naissance exclusivement à la charge de la femme intervenante. Il y a donc lieu d'appliquer le sénatus-consulte, puisque la femme s'est engagée pour autrui. Quelquefois cependant le préteur admettait une femme, *causa cognita*, à représenter en justice ceux de ses parents que l'âge ou la maladie empêchait d'agir. (Loi 41, D., *De procurat.*, 14, 2.)

Réponse à une *interrogatio in jure*. — Le créancier d'une succession veut intenter contre une femme, qu'il suppose héritière, une action qu'il avait contre le défunt; mais, dans la crainte de se tromper sur la qualité d'héritière qu'il attribue à cette femme, il lui adresse une *interrogatio in jure*, pour qu'elle ait à répondre sur ce point. La femme, qui n'est pas héritière, a cependant affirmé qu'elle l'était; elle se trouve liée par son aveu, *confessus in jure pro judicato habetur*. Cette femme s'est ainsi soumise à des obligations qui lui sont étrangères, elle a intercédé en libérant le véritable héritier, on lui accordait le bénéfice du sénatus-consulte velléien. (Loi 23, *hoc titulo*.)

Un autre exemple nous est fourni par la loi 26, *hoc titulo*.

Celui qui a été victime d'un délit commis par un esclave vient à intenter l'action noxale contre la femme qui possède cet esclave; mais, auparavant, il le soumet à l'*interrogatio in jure* et lui demande si elle est propriétaire de cet esclave. La réponse de la femme est affirmative; l'action noxale va se suivre contre elle, et le véritable maître sera libéré. C'est encore là un cas d'intercession prohibée, si la femme a répondu *intercedenti animo*. Mais si la femme possédait l'esclave de bonne foi, il n'y aurait pas d'*intercessio*, car le possesseur de bonne foi d'un esclave était soumis *suo nomine* à l'action noxale.

*Compromis fait par la femme au nom d'un autre.* — Un différend existait entre deux personnes, lorsqu'une femme intervient et s'engage pour le compte de l'une d'elles à soumettre la contestation à un arbitre. Elle s'oblige à exécuter la sentence de l'arbitre; le tiers sera libéré, et la femme devra subir l'exécution de la sentence. Aussi Paul déclare-t-il que cette intercession tombera sous l'application du sénatus-consulte velléien. *Si mulier alieno nomine compromittet, non erit pecunia compromissa, propter intercessionem.* (Loi 32, § 2; D., *De recept.*, 4, 8.)

### Cas dans lesquels la femme devient seulement co-débitrice.

La femme devient ainsi débitrice par la fidéjussion, le constitut, le *mandatum pecuniæ credendæ*, l'hypothèque constituée pour la sûreté de la dette d'autrui, la renonciation à un rang d'hypothèque, la dette solidaire, la *procuratio ad agendum*, enfin l'engagement pris par la femme de garantir un héritier contre l'insolvabilité des débiteurs de la succession.

*Fidéjussion.* — Il est évident, et cela ne comporte pas d'explication, que la femme intercède lorsqu'elle se porte fidéjusseur.

*Constitut.* — Personne ne doute encore qu'il n'en soit de même, lorsque la femme, par un pacte de *constitut,* s'engage pour le compte d'autrui à payer à jour fixe, soit ce qui est dû par le débiteur, soit toute autre chose.

*Mandatum pecuniæ credendæ.*—Une femme qui donne mandat à quelqu'un de prêter de l'argent à un tiers, se soumet à l'action *mandati contraria* de la part du créancier; il y a donc là une intervention incontestable.

*Hypothèque constituée pour la sûreté de la dette d'autrui.* — La femme qui hypothèque son immeuble pour la sûreté de la dette d'un tiers fait un acte prohibé par le sénatus-consulte velléien; pourquoi donc lui était-il permis de faire remise au débiteur du gage ou de l'hypothèque qui garantissait sa créance? Cette différence s'explique par la nature particulière des motifs qu'on supposait avoir guidé la femme dans ces deux circonstances. Lorsqu'elle constitue une hypothèque, elle peut se faire illusion sur la gravité de cet acte, et croire que la dette sera payée par le débiteur principal; mais lorsqu'elle abandonne son hypothèque, les jurisconsultes ont présumé que la femme avait pleinement compris la portée de cet acte.

*Renonciation à un rang d'hypothèque.* —Cette hypothèse est prévue dans la loi 17, §. 1, *hoc tit.* D. Une femme a deux créances contre son mari, l'une pour la restitution de sa dot, l'autre pour le recouvrement d'une somme qu'elle lui a prêtée, toutes deux sont garanties par une hypothèque sur un même immeuble. Le mari a fait un nouvel emprunt, mais le créancier a exigé le même immeuble en gage, et le femme renonce en même temps à l'hypothèque qu'elle avait pour la restitution de la dot. Plus tard, la femme invoque sa seconde hypothèque et intente contre ce créancier l'action quasi-servienne. Le créancier lui oppose l'exception *si non voluntate ejus pignus datum esset*, et le jurisconsulte décide que la femme n'aura pas la réplique du sénatus-consulte Velléien, à moins que le créancier n'ait connu la seconde hypothèque. La réplique pourrait donc être invoquée si le créancier avait agi en connaissance de cause, d'où il résulte bien que la renonciation de la femme à son rang d'hypothèque constitue une véritable intercession. Cependant ce n'est là, en définitive, que l'abandon d'une hypothèque, et nous venons de voir que cet abandon lui est permis au profit du débiteur; d'où vient donc qu'il en est autrement lorsqu'elle fait l'abandon de son rang d'hypothèque au profit d'un tiers? Les jurisconsultes auront sans doute pensé que cet acte étant moins grave que le premier, la femme en verrait moins les dangereuses conséquences; ils ont voulu la protéger ainsi contre son inexpérience des affaires.

*Dette solidaire dans certains cas.* — Lorsqu'une femme s'oblige solidairement avec un tiers, et dans le seul intérêt de celui-ci, son intercession se trouve paralysée par le sénatus-consulte Velléien. Mais l'obligation solidaire de la femme serait valable si elle avait été contractée autant dans l'intérêt de cette dernière que dans celui d'autrui. Si l'intérêt de la femme n'était pas égal, il y aurait une *intercessio* partielle qui serait anéantie par le sénatus-consulte pour tout ce qui excéderait l'intérêt de la femme.

*Procuratio ad agendum.* — Le *procurator ad agendum* ne représentant pas le *dominus litis*, le défendeur qui ne voulait pas s'exposer à être poursuivi une seconde fois devait exiger du *procurator* la caution *de rato*, le *procurator* s'engageait de la sorte à obtenir la ratification du *dominus litis*. La femme ne pouvait donc contracter cet engagement, car elle eût pris à sa charge l'obligation d'autrui.

*Engagement contracté par la femme de garantir l'héritier contre l'insolvabilité des débiteurs héréditaires.* — Lorsqu'une femme s'oblige envers l'héritier à lui payer les sommes qu'il ne pourra recouvrer de la part des débiteurs héréditaires, elle contracte une *fidejussio indemnitatis* qui donne lieu à l'application du Velléien.

## SECTION II.

2ᵉ Hypothèse.— *Suscipit in se novam obligationem.*— Le texte du sénatus-consulte défend non-seulement les fidéjussions, mais encore les *mutui dationes*; ces mots font allusion à cette deuxième hypothèse. Un tiers manifeste l'intention d'emprunter une somme d'argent lorsqu'une femme intervient qui emprunte cette somme en apparence pour son propre compte, mais en réalité pour la prêter à ce tiers; le sénatus-consulte voit encore là une intercession, parce que la femme s'interpose entre le créancier et la personne qui voulait emprunter. Il n'en serait pas de même si la femme empruntait cette somme pour la prêter à une tierce-personne qui n'aurait jamais manifesté le désir de faire un pareil emprunt;

dans ce cas on ne voit pas apparaître les caractères de l'intervention, et la femme demeure valablement obligée.

Toutes les fois que le sénatus-consulte devait s'appliquer, on n'avait à s'inquiéter ni de la source de l'obligation, qu'elle fût née, *re*, *verbis*, *litteris* ou *consensu* (loi 2, § 4; D., *hoc titulo*), ni de la personne du débiteur pour lequel la femme s'était obligée, que ce fût son mari, son fils, son père, son pupille (loi 6, § 1: Code *hoc tit.*), ou l'esclave d'autrui (loi 32, § 5; D., *hoc titulo*), ou son propre esclave (loi 25, § 1; D., *hoc titulo*); ni de la personne du créancier, que ce fût l'esclave d'autrui (loi 27, § 2; D., *hoc tit.*), ou un pupille, ou un mineur de vingt-cinq ans.

Nous parlerons seulement de cette dernière hypothèse.

Lorsque le créancier est un mineur de vingt-cinq ans, on se trouve en présence de deux incapacités qu'il faut protéger. En principe on préfère la femme au mineur; cette décision est équitable. En effet, ou l'*intercessio* n'a pas libéré le débiteur primitif, et alors le mineur de vingt-cinq ans n'éprouve aucun préjudice, il conserve la position qu'il avait avant cette intercession inutile, ou bien le débiteur a été libéré, et le mineur de vingt-cinq ans n'éprouve encore aucun dommage; car l'ancienne action qu'il avait contre le débiteur principal lui sera restituée. Mais si ce débiteur était devenu insolvable, le mineur serait préféré à la femme. (Loi 12, Dig., *De min.*, 25 *Ann.* 4, 4.)

# CHAPITRE IV.

### DES CAS OU LE SÉNATUS-CONSULTE VELLÉIEN N'ÉTAIT PAS APPLICABLE.

On peut diviser en deux classes les hypothèses qui ne comportaient pas l'application du sénatus-consulte Velléien : la première comprend les actes qui ne présentaient pas tous les caractères d'une intercession véritable, la deuxième comprend ceux qui offraient ces caractères, mais qui, par une pure exception, n'étaient pas régis par le sénatus-consulte Velléien.

## SECTION PREMIÈRE.

### *Des actes qui ne réunissaient pas tous les caractères de l'intercessio.*

L'aliénation de ses immeubles que peut faire la femme pour le compte d'autrui ne constitue pas une intercession. Intercéder c'est s'obliger ou engager ses biens dans l'intérêt d'autrui ; or lorsque la femme aliène, elle n'engage pas ses biens puisqu'elle s'en dépouille. Cependant cet acte est encore plus désastreux pour elle qu'un simple engagement, d'où vient donc qu'il lui était permis ? La femme qui consent une aliénation dans l'intérêt d'autrui doit certainement comprendre toute la gravité de cet acte, elle voit son patrimoine passer en des mains étrangères ; sous prétexte de la protéger, le sénatus-consulte ne devait donc pas mettre obstacle à sa volonté si formellement exprimé : au contraire, lorsqu'elle soumet son bien à un engagement qui ne doit produire ses effets que dans l'avenir, elle peut s'abandonner à de bien trompeuses illusions ; il était donc sage de la protéger contre une détermination trop légèrement prise. Il ne faut donc pas s'étonner que l'aliénation consentie par la femme soit toujours respectée, se fût-elle produite sous la forme d'une donation : *senatus enim obligatœ mulieri succurrere voluit non donanti, quia facilius se mulier obligat quam alicui donat.* (Loi 4, § 1, *hoc tit.*)

Une femme peut donc aliéner pour un autre, car il ne lui est pas interdit de diminuer son patrimoine ; on veut seulement qu'elle en ait pleine conscience. Elle peut encore déléguer son débiteur au créancier d'autrui, mais il est nécessaire que celui qu'elle délègue soit son débiteur, autrement elle s'obligerait, et il y aurait intercession, puisque le payement fait par le délégué l'exposerait elle-même à un recours. (Loi 8, § 6, *hoc titulo.*)

Enfin, une femme peut renoncer à l'hypothèque qu'un de ses débiteurs lui avait consentie, elle peut également lui faire remise du gage qu'elle en aurait reçu ; ce n'est pas s'obliger que de faire l'abandon d'un droit. Peu importe que le débiteur soit le mari de la femme ; cette remise du gage n'était pas considérée comme une donation. (Papinien, loi 13, *qui in fraudem cred.*, 48, 8, D.)

Si l'obligation que la femme a paru contracter dans l'intérêt d'autrui tournait en réalité à son profit, le sénatus-consulte Velléien ne pourrait être invoqué ; c'est ce que disent formellement les lois 13 et 21 de notre titre, au Digeste. Les textes qui font l'application de ce principe se réfèrent aux trois hypothèses que voici : 1° la femme a fait uniquement sa propre affaire ; 2° elle a fait tout à la fois l'affaire d'autrui et sa propre affaire ; 3° il y avait dans le principe intercession prohibée, mais le vice primitif disparaît par suite d'une circonstance ultérieure.

1<sup>re</sup> *Hypothèse.* — La femme a fait uniquement sa propre affaire ; elle se trouve dans cette situation, non-seulement lorsqu'elle agit dans un intérêt pécuniaire, mais encore lorsqu'elle a voulu satisfaire un devoir de piété ou de conscience. (Loi 13, *Princip.*, et loi 21, *Princip.*, *D.*, *hoc titulo*.)

Nous nous occuperons seulement du cas où la femme poursuit un intérêt exclusivement pécuniaire. Nous examinerons plusieurs espèces ; mais, dans toutes, la femme n'intercède que pour se soustraire à une action qui pourrait être dirigée contre elle.

La femme est débitrice principale et défend son fidéjusseur contre les poursuites du créancier ; elle sera obligée de subir la condamnation qu'elle pourra encourir, car, en agissant ainsi, elle a seulement voulu prévenir l'action que le fidéjusseur aurait intentée contre elle. (Loi 3, *D.*, *h. t.*)

Une femme débitrice s'oblige par délégation envers le créancier de son propre créancier ; en contractant cette obligation nouvelle, son but est de se libérer de la première. Si elle est ensuite déléguée par son nouveau créancier, elle fait encore ses propres affaires, mais il faut qu'elle soit valablement obligée à l'égard du délégant. Si le mari, dans l'intention de faire une donation à sa femme, lui vendait un immeuble à vil prix, et la délèguit ensuite à son propre créancier, le sénatus-consulte Velléien ferait tomber cette obligation, car la vente serait nulle. (Loi 38, *De contrat. empt.*, 28, 1, Dig.)

J'ai donné de l'argent à une femme en lui donnant mandat de payer mon créancier ou de me libérer envers lui *per expromissio.* Le sénatus-consulte Velléien ne sera pas applicable, parce que si le mandat n'avait pas été exécuté, la femme aurait été poursuivie par l'action *mandati directœ.*

Lorsque la femme a fait ainsi sa propre affaire, elle ne peut alléguer le préjudice qu'elle a souffert par suite de circonstances accidentelles. Si elle achète une hérédité et que les débiteurs soient insolvables, elle ne pourra déduire du prix de vente le montant des sommes qu'elle ne peut recouvrer. C'est là un résultat auquel elle se trouve exposée par la nature même de l'opération qu'elle a voulu faire.

Lorsqu'une femme croyant s'obliger pour elle-même a contracté pour autrui, doit-on s'attacher au fond des choses ou seulement aux apparences ?

Une femme se porte pour Secundus auquel elle ne doit rien *expromissor* vis-à-vis de Primus ; ensuite elle contracte pour le compte de Primus une *expromissio* nouvelle vis-à-vis du créancier de Primus. Tout le monde décidait que la première *expromissio* était nulle, mais il y avait divergence entre les jurisconsultes sur le point de savoir comment il fallait considérer la seconde.

Julien pensait qu'elle devait, comme la première, être considérée comme nulle. Il s'attachait à cette idée que la femme avait fait l'affaire d'autrui, et que par conséquent elle pouvait réclamer le bénéfice du sénatus-consulte Velléien. Marcellus était d'avis contraire : dans la première *expromissio*, disait-il, la femme n'a pas fait sa propre affaire et n'a pas même cru la faire ; au contraire, en faisant la seconde *expromissio*, elle songeait à se libérer d'une dette qu'elle croyait lui être personnelle. La femme sera donc tenue envers le créancier de Primus, mais elle pourra exercer contre Primus une *condictio sine causa*, pour répéter ce qu'elle peut avoir payé, ou pour le forcer à lui procurer sa libération. (Loi 8, § 2, *hoc tit.*, Dig.)

2ᵉ *Hypothèse*. — La femme a fait en partie son affaire et en partie celle d'autrui. La femme sera valablement obligée dans les limites de son intérêt personnel ; pour le surplus, elle pourra opposer la prohibition du sénatus-consulte. Ainsi Papinien suppose que Seia fait donation à son mari d'un fonds que celui-ci donne en gage à l'un de ses créanciers ; les époux divorcent, et la femme revendique son immeuble ; le mari a fait sur le fonds des dépenses qui en ont augmenté la valeur, la femme est obligée de lui rembourser ses impenses jusqu'à concurrence de la plus value, et déduction faite des fruits perçus antérieurement à la *litis contestatio*, sous peine d'être repoussée par l'*exceptio doli mali*. Rentrée en possession de son fonds, la femme le constitue en gage pour la sûreté d'une dette de son ancien mari ; le gage n'est valable que jusqu'à concurrence de la somme que Seia devait à son mari. Jusqu'à concurrence de cette somme, la femme était débitrice de son mari ; elle a pu en cette qualité, et quelque sorte comme déléguée par lui, constituer dans les mêmes limites un gage valable : *in eam qualitatem proprium mulier negotium gessisse, non alienum suscepisse videtur.* Pour ce qui dépasse le montant de sa dette, elle a constitué un gage dans l'intérêt d'autrui ; le sénatus-consulte Velléien sera donc applicable. (Loi 1, § 4, *De pyg. et hyp.*, 20, 1, D.)

3ᵉ *Hypothèse.* — A l'origine, la femme a fait l'affaire d'autrui, mais ce vice disparaît par suite d'un fait ultérieur. Cela se présente lorsque la femme intercède pour quelqu'un et en reçoit plus tard une somme égale au montant de la dette qu'elle a prise à sa charge. (Loi 16, D., *hoc titulo.*)

Nous savons que dans toute intercession on doit rencontrer un débiteur en faveur duquel la femme intervient, et une autre personne envers laquelle elle contracte une obligation. Elle n'intercède donc pas si elle s'engage pour une personne vis-à-vis de cette même personne ; c'est ce que nous disent différents textes.

Un tuteur est sur le point de mettre en vente les *praedia urbana* de son pupille, c'était une obligation qui lui était imposée par la loi. La mère désire que ces biens soient conservés, elle intercède donc auprès du tuteur, et lui promet de l'indemniser si le pupille l'actionne à la fin de la tutelle. Le recours du tuteur sera parfaitement valable. *Nullam enim obligationem alienam recepisse, neque veterem, neque novam sed ipsam fecisse hanc obligationem.*

Titius héritier institué par un homme qui, durant sa vie, gérait une tutelle, ne veut pas faire adition, parce-qu'il redoute les actions qui pourraient être intentées contre lui par le pupille. La mère du pupille promet à Titius de l'indemniser de toute la perte que pourrait lui causer l'action *tutellae directa.* Titius aura un recours contre la mère du pupille, et on ne pourra lui dire qu'il y a eu *intercessio*, puisque la femme ne s'est engagée que pour l'héritier et envers l'héritier lui-même. (Loi 19, *Princip. hoc titulo.*)

## SECTION II.

### *Des exceptions à l'application du sénatus-consulte Velléien.*

Le sénatus-consulte Velléien peut ne pas être applicable bien qu'il y ait eu de la part de la femme une intercession véritable ; les cas exceptionnels sont amenés par suite, soit d'un privilège personnel dont jouit le créancier, soit de l'erreur dans laquelle le créancier s'est trouvé, soit du motif de *l'intercessio*, soit enfin du fait de la femme.

1° *Privilége personnel du créancier.* — Nous avons déjà parlé de ce cas, il se présente lorsque le créancier au profit duquel la femme a intercédé est un mineur de 25 ans et que le débiteur primitif est devenu insolvable. (Loi 12, *De minor, Vigenti quinque annis,* 4, 4, Dig.)

2° *Erreur du créancier.* — Le sénatus-consulte ne peut être opposé au créancier de bonne foi, c'est-à-dire qui n'a pas su que l'acte de la femme constituait une intercession prohibée. — Mais cette erreur ne protégera le créancier qu'autant qu'elle aura été excusable, s'il y a faute de la part du créancier, la défense du sénatus-consulte Velléien subsistera contre lui.

Le cas le plus simple où l'erreur du créancier sera excusable est le cas où la femme emprunte pour elle en apparence, mais en réalité dans l'intérêt d'un tiers qui recevra d'elle la somme empruntée.

Cette exception a été introduite autant dans l'intérêt de la femme que dans celui des tiers; si la bonne foi du créancier n'était pas sauvegardée la femme ne trouverait personne qui voulût traiter avec elle, (Loi 11, D. *h. t.*)

Voici d'autres hypothèses où se rencontre encore la même exception.

Une femme a donné mandat à un tiers de se porter fidéjusseur pour garantir la *cautio judicatum solvi* qu'est obligé de donner le *procurator ad défendendum;* si ce tiers s'oblige en vertu du mandat donné par la femme, et qu'il soit forcé de payer, il ne pourrait intenter contre la femme l'*actio mandati contraria.* Il est évident qu'il ne peut ignorer que la femme intercédait, il n'aurait donc d'autre ressource que d'intenter contre le *procurator* une action *negotiorum gestorum contraria.* Mais quand il sera poursuivi par le créancier, ce tiers pourra-t-il invoquer du chef de la femme le sénatus-consulte Velléien? Il faut faire une distinction, il le pourra si le créancier a connu le mandat de la femme, il ne le pourra pas dans le cas contraire.

Lorsqu'une femme se laisse déléguer comme étant la débitrice du délégant, l'erreur du créancier n'est pas excusable, c'était à lui de s'informer si cette prétendue dette existait réellement.

3° *Motif de l'intercessio.* — Si une femme s'est obligée ou a emprunté pour former une dot à sa fille, ou même à tout autre, depuis Justinien ; si elle s'est engagée envers un maître pour qu'il donnât la liberté à son esclave, ou par un autre pieux motif, la cause de *l'intercessio* met obstacle à l'application du sénatus-consulte.

4° *Fait de la femme.* — Lorsque la femme trompait le créancier sur son *intercessio* le recours du sénatus-consulte lui faisait défaut : *decipientibus mulieribus senatus-consultum auxilio non est; infirmitas enim feminarum non calliditas auxilium demit.* (Loi 2, § 3. *h. t.* D.)

Nous avons déjà vu qu'une femme interrogée *in jure*, afin qu'elle ait à s'expliquer sur sa qualité, demeure valablement obligée si elle déclare, contrairement à la vérité qu'elle est héritière.

De même une femme laisse son mari constituer des hypothèques sur des choses à elle appartenant, elle n'intervient pas au contrat, et cependant il y a eu de sa part une adhésion véritable à la constitution des hypothèques ; il ne lui sera pas encore permis d'invoquer la faveur du sénatus-consulte. Le créancier pourra donc, suivant qu'il sera ou ne sera pas en possession, repousser l'action en revendication, ou intenter contre la femme l'actio quasi Servienne.

Enfin toujours en raison du fait de la femme il n'y a pas lieu d'appliquer le sénatus-consulte Velléien.

1° Si au moment de l'*intercessio* ou plus tard elle a reçu une indemnité égale ou non au préjudice que son engagement lui fait éprouver. Avant Justinien il suffisait que la femme fût exposée à subir une perte pour que le sénatus-consulte fût toujours applicable. (Loi 16, princ. h. t.; loi 21, princ. h. t. D.)

2° Depuis Justinien seulement, si la femme majeure a confirmé dans un délai de deux années l'obligation qu'elle a contractée dans l'intérêt d'un tiers autre que son mari ; si c'est pour lui qu'elle a intercédé, l'intercession, quoique renouvelée à plusieurs reprises, reste nulle.

3° Si la femme pour détourner l'action du créancier contre le débiteur en faveur duquel elle intercède, s'offre d'elle-même au procès et s'engage envers le créancier à ne pas demander au magistrat dans la formule l'*exceptio* du sénatus-consulte Velléien. (Loi 32, § 4, h. t. D.)

A partir des empereurs Théodose et Valentinien, les femmes peuvent obtenir par rescrit la tutelle de leurs descendants, à condition qu'elles s'engageront à ne pas se remarier. Justinien exigea en outre leur renonciation au bénéfice du sénatus-consulte Velléien.

On a voulu généraliser des cas particuliers qui laissent à la femme la faculté de renoncer au sénatus-consulte Velléien ; plusieurs auteurs ont prétendu que cette renonciation lui était toujours permise, et en faveur de leur opinion ils ont invoqué la règle suivante: *Omnes licentiam habere, his, quæ pro se introducta sunt, renuntiare.* Si cette théorie doit être admise, il faut convenir que le sénatus-consulte Velléien n'avait pas une grande utilité, rien n'était plus facile que de l'éluder, les créanciers auprès desquels les femmes intercédaient avaient sans doute grand soin d'obtenir d'elles cette renonciation. Dans une opinion contraire, qui nous semble préférable, on répond qu'une pareille renonciation est contraire aux lois, puisqu'elle anéantit complétement le sénatus-consulte Velléien ; on ajoute en outre qu'un principe aussi important ne peut avoir été simplement sous-entendu par les jurisconsultes. Mais voici l'objection qui est faite à ce système; s'il est permis à la femme de ne pas invoquer l'exception du sénatus-consulte devant le préteur, pourquoi ne lui serait-il-pas permis d'y renoncer par un pacte exprès? On répond que cette renonciation tacite ne lie pas la femme, qui est toujours maîtresse d'invoquer l'exception, même après la sentence et jusqu'à l'exécution.

Il ne faut donc pas, croyons-nous, généraliser les cas particuliers où cette renonciation est permise; d'abord deux de ces cas n'ont été introduits que sous le bas-empire, on peut donc les considérer comme une dérogation à l'ancien droit de l'époque classique.

Quant à l'hypothèse où la femme intervient au procès à la place du débiteur, et donne caution de ne pas se prévaloir de l'exception du sénatus-consulte Velléien, elle est régie par le principe qui permet à la femme de payer pour un autre; les conséquences de sa renonciation sont trop prochaines, pour qu'elle puisse ignorer que c'est un payement qu'elle va faire. Mais est-ce à dire pour cela que la femme pouvait renoncer à la protection du sénatus-consulte au moment où elle intercédait, alors que la loi ne la présume pas plus capable de calculer la portée de sa renonciation que son *intercessio* elle-même? Les deux situations ne se ressemblent pas, et toute analogie de l'une à l'autre est évidemment fausse.

## CHAPITRE IV.

### DES EFFETS DU SÉNATUS-CONSULTE VELLÉIEN.

D'après ses termes mêmes le sénatus-consulte ne produit d'effet qu'en ce qui concerne la femme, il la soustrait aux conséquences de l'obligation qu'elle a contractée *pro alio*, mais pour ne pas enrichir le débiteur *pro quo mulier intercessit*, aux dépens du créancier, le préteur est venu en aide à ce dernier, et a introduit un second effet du sénatus-consulte Velléien, la restitution d'action.

### SECTION PREMIÈRE.

*Effets du sénatus-consulte quant à la femme.*

Par rapport à la femme, les effets du sénatus-consulte Velléien se résument dans le refus d'une action qui est fait au créancier, ou dans la concession d'une exception ou d'une réplique accordée à la femme, suivant les circonstances.

*Refus d'action.* — C'est l'effet le plus simple du sénatus-consulte, il est formellement prévu par le texte même du sénatus-consulte, lorsqu'il défend de donner contre la femme, soit une action réelle, soit une action personnelle : *ne eo nomine ab his petitio neve in eas actio detur.* (L. 2, *Princip., ad, sen.-cons., Vell.,* Dig.)

Mais le préteur ne peut ainsi refuser l'action, que s'il est évident que la femme a intercédé, et qu'elle ne se trouve pas dans un des cas exceptionnels dont nous avons parlé. Ce n'est pas au magistrat qu'il appartient de constater la prétention du demandeur, et à rechercher la nullité de l'engagement de la femme, aussi s'il y a contestation, le préteur devra délivrer la formule, mais en y insérant l'exception du sénatus-consulte Velléien.

*Exceptio.* — Il semble étonnant que la femme soit obligée de se faire délivrer cette exception, et que le juge ne puisse, de sa propre autorité, annuler un délit contraire aux dispositions du sénatus-consulte Velléien. En effet, si la défense d'intercéder émanait du préteur, on comprendrait facilement, que ce magistrat, ne pouvant changer la loi, fût obligé de recourir à une exception; mais comment se fait-il que le sénat, qui exerçait la puissance législative, n'ait pas frappé d'une entière nullité l'intercession de la femme? Il faut se rappeler quel respect les Romains portaient à leur ancien droit, le sénat ne voulait sans doute pas l'abroger ouvertement, et préféra fournir un moyen de le paralyser. En conséquence, si la femme invoque l'exception introduite en sa faveur, le juge l'absout; si elle néglige de la demander, l'ancien droit reprend son empire.

*Réplique.* — On rencontre ainsi quelquefois sous la forme d'une réplique, le moyen de défense tiré du sénatus-consulte Velléien.

La femme a constitué un gage pour la sûreté de la dette d'autrui; ou bien l'objet engagé se trouve entre les mains du créancier, ou il se trouve en la possession d'un tiers auquel le créancier l'a vendu et livré. Dans le premier cas, la femme peut assurément revendiquer contre le gagiste, et s'il lui oppose une exception tirée de la constitution du gage, elle lui répondra par la *replicatio sen.-cons. Velleiani.* Dans le deuxième cas, des doutes s'étaient élevés: cette hésitation provenait sans doute de ce que le gage ainsi constitué n'était pas nul *ipso jure*, mais *exceptionis ope.* Cependant on avait décidé que la femme pouvait revendiquer contre l'acheteur, car il ne pouvait tenir du créancier plus de droits que celui-ci n'en avait lui-même (Loi 39, § 1er; L. 40, *De rei vindic.*; liv. 4, tit. 1).

Les lois 17, § 1er, et 32, § 2, *h. t.*, parlent également des hypothèses, où nous voyons encore employé ce moyen de défense.

L'*exceptio* du sénatus-consulte Velléien est perpétuel et *rei coherens* (L. 3 et loi 7, § 1er, *De except.*, 44, 1, Dig.)

Quant au premier caractère, nous verrons qu'il a des conséquences importantes par rapport à la *condictio indebiti;* mais il faut remarquer dès à présent que la perpétuité du sénatus-consulte Velléien a une signification particulière. Suivant le droit commun, celui qui omet d'invoquer une exception perpétuelle, peut se faire restituer *in integrum* contre la formule, et s'en faire donner une autre où il fera insérer l'exception, mais cet oubli doit être réparé avant la condamnation, autrement il ne pourrait se soustraire à l'action *judicati.* L'exception du sénatus-consulte Velléien est perpétuelle dans un sens plus étendu; elle pouvait être opposée, même après la condamnation et paralyser l'action *judicati.*

Quant au second caractère de l'*exceptio* du sénatus-consulte Velléien, celui d'exception *rei cohaerens*, nous allons en étudier les conséquences, et examiner les personnes auxquelles profite ce moyen de défense.

Ces personnes, sont non-seulement la femme, mais encore :

1° Ses héritiers (L. 20, Code, *h., t.*);

2° Son mandataire (L. 30, § 1, *h., t.*, Dig.);

3° Les fidéjusseurs; sans distinguer si leur intervention avait eu lieu ou non, sur le mandat de la femme

(L. 16, § 1, *h. t.*), Julien nous apprend dans ce texte que cette opinion n'était pas partagée par Gaius. Suivant ce jurisconsulte, si le tiers n'était pas fidéjusseur en vertu d'un mandat de la femme, il pouvait invoquer du chef de cette dernière l'exception du sénatus-consulte Velléien. Si au contraire il s'était engagé, *animo donandi*, il renonçait ainsi à toute idée de recours contre la femme, et l'exception ne lui était pas donnée. Gaius assimile ainsi les effets du Velléien à ceux du sénatus-consulte Macédonien (L. 9, § 3, Dig.) Cette analogie avait été justement repoussée par Julien; en effet, le sénatus-consulte Macédonien laissant subsister une obligation naturelle, la fidéjussion était valable; le Velléien, au contraire, annulait non-seulement l'obligation civile, mais encore l'obligation naturelle, *totam obligationem senatus improbat.* La fidéjussion était donc nulle, puisqu'elle n'avait pas d'objet;

4° Le tiers qui a hypothéqué sa chose à la suite de l'*intercessio* de la femme, il est traité comme un fidéjusseur (L. 2, *quæ res ping.*, 20, 3, Dig.);

5° Le délégué de la femme, alors qu'il n'était pas le débiteur de celle-ci, c'est encore un fidéjusseur (L. 8, § 4 et 6 *h., t.*, Dig.);

6° Le fidéjusseur du débiteur principal, lorsqu'il est intervenu sur le mandat de la femme; mais deux conditions sont nécessaires, il faut que le fidéjusseur ait ignoré qu'on le faisait intervenir en fraude du sénatus-consulte, et que le créancier n'ait pas connu l'intercession (L. 6, l. 30, § 1; L. 32, § 3, *h. t.*, Dig.);

7° Le tiers de bonne foi, qui sans être débiteur de la femme, mais ayant reçu d'elle, avec une promesse de remboursement, l'ordre de payer au créancier, s'est obligé à lui compter la somme, et lorsque d'ailleurs ce créancier avait repoussé l'intercession de la femme. (L. 19, § 5, *h. t.*, Dig.)

L'exception que nous étudions peut être non-seulement opposée au créancier à l'égard duquel la femme a intercédé, mais encore à tous ceux qui voudraient intenter contre elle l'action *mandati,* ou *negotiorum gestorum contraria* (L. 32, § 3, *h. t.*, Dig.), soit l'action en stipulation (L. 19, § 5, *h. t.,*Dig.)

Il nous reste à déterminer les effets de cette exception du sénatus-consulte Velléien.

Nous savons que la femme qui paye le créancier d'autrui ne peut invoquer le bénéfice du Velléien ; de même encore si elle paye en vertu d'un engagement contracté *pro alio,* n'ignorant pas qu'elle était libre de s'abstenir ellen epourra intenter la *condictio indebiti* (Loi 9, *Condictio indebiti,* 4, 5, Cod.) ; mais si elle paye, parce qu'elle se croyait tenue de le faire, on lui accorde la *condictio indebiti* contre le créancier. Que l'on décide ou non que la *condictio indebiti* pouvait se fonder sur une erreur de droit, tout aussi bien que sur une erreur de fait ; cela importe peu dans cette hypothèse, car il était reconnu que les femmes pouvaient se prévaloir de l'erreur de droit (Lois 8 et 9, *Princip.,* Dig., *De juris et facti ignorantia,* 22, 6.) Si au lieu de payer, la femme a délégué son débiteur, c'est comme si elle avait fait un payement ; elle pourra donc répéter. (Loi 8, § 3, *h. t.*, Dig.)

La *condictio indebiti* est donnée à la femme, par suite de ce principe général que tout débiteur qui paye, en vertu d'une exception perpétuelle qui le protégeait, peut répéter, pourvu que cette exception ne laisse pas subsister d'obligation naturelle. Du reste, rien n'oblige la femme à exercer cette *condictio indebiti* : Supposons qu'une femme qui s'est portée fidéjusseur ait payé le créancier, elle peut intenter contre le débiteur principal l'*actio mandati* ou *negotiorum gestorum contraria*; le débiteur ne saurait la repousser en la renvoyant répéter contre le créancier qu'elle a payé; seulement la femme devra donner au débiteur une caution destinée à l'indemniser, dans le cas où elle viendrait à exercer des poursuites contre le créancier, car alors le débiteur ne se trouverait pas libéré. (Loi 31, Dig., *h. t.*)

L'exception du sénatus-consulte Velléien peut être repoussée par l'exception *doli*, si l'on se trouve dans l'un des cas où le créancier n'a pas connu l'intercession de la femme.

A côté de la *condictio indebiti* nous devons mentionner le droit pour la femme de revendiquer la chose donnée en gage, vendue ou livrée *intercessionis causa*, contre le créancier ou l'acheteur qui l'a acquise, ou même contre les tiers qui auraient pu l'acquérir postérieurement, et, comme nous l'avons déjà dit, le créancier et l'acheteur primitif n'ont pu conférer plus de droits qu'ils n'en avaient. (Loi 33, § 1, l. 40, *De rei vindict.*; loi 32, § 1 et 2, *h. t.*) Avec le fonds, la femme obtient la restitution des fruits, et, s'il y a eu des détériorations, il doit lui en être tenu compte.

## SECTION II.

*Effets du sénatus-consulte par rapport au créancier.*

Nous distinguerons deux hypothèses : 1° le débiteur

primitif a été libéré par l'intercession de la femme ; 2° la femme a déguisé son intercession en s'interposant pour un tiers qui voulait emprunter, et par lequel elle a fait un emprunt.

1° *La femme a libéré le débiteur primitif.*—Lorsque la femme est admise à invoquer le sénatus-consulte Velléien, la position du créancier diffère selon que l'intercession a été plus ou moins complète. Quelquefois, il ne perd qu'une garantie accessoire ; il en est ainsi toutes les fois que l'obligation de la femme est venue seulement accéder à l'obligation du débiteur, par exemple, lorsque la femme s'est engagée, en qualité de caution, *de mandator pecuniæ credendæ*, ou par suite du pacte de constitut.

Dans ces cas, aucune protection spéciale n'est nécessaire au créancier ; il exerce le droit qui lui reste. Mais si la dette du débiteur originaire a disparu, si la femme est complétement substituée au débiteur libéré par novation, le préteur venait au secours du créancier, en rétablissant l'état des choses antérieur à la novation, *a pretore restituttur prior debitoris creditor.* (Loi 16, *h. t.*, Dig.)

Cette action est-elle une véritable restitution *in integrum*, ou simplement une action utile introduite par le préteur à l'aide d'une fiction ? Beaucoup de commentateurs ont pensé que le secours, dont il s'agit, était une véritable restitution *in integrum*, accordée par application de cette clause générale de l'édit : *Si qua alia mihi causa justa videbitur in integrum restituam.* (Loi 1, § 1, Dig., 4, 6.) L'opinion contraire nous semble plus fondée pour plusieurs raisons ; d'abord dans tout le titre *De in integrum restitutionibus*, il n'est pas question du cas qui nous occupe ; de plus les textes ne nous révèlent aucun des caractères de la restitution *in integrum*. Ils ne nous parlent pas de la *causæ cognitio* qui pourtant accompagne toujours la *restitutio in integrum*. Il est vrai que la restitution *in integrum* accordée au créancier de l'adrogeant contre les suites de l'adrogation n'était pas donnée *causa cognita*; mais une exception ne saurait être étendue. Ensuite nous voyons que cette action restitutoire est perpétuelle, *hæ actiones perpetuo competunt* (Loi 10, *h. t.*); tandis que la restitution *in integrum* est temporaire.

Enfin l'*in integrum restitutio* ne peut être accordée qu'à défaut de tout autre moyen juridique; au contraire, l'action qui nous occupe peut concourir avec d'autres actions. (Loi 8, § 13, *h. t.*, Dig.) Gaïus la signale même comme étant de droit commun, *communi jure..... actio restituitur*. (Loi 12, *De minoribus*, 4, 4, Dig.) Il n'aurait certainement pas ainsi qualifié l'*in integrum restitutio*.

Dans quels cas se donne l'action restitutoire? Cette action se donne toutes les fois que le débiteur primitif a été libéré par l'intercession de la femme. Lorsque l'*intercessio* de la femme est nulle, le créancier peut exercer l'action restitutoire, quand bien même il aurait fait acceptilation à la femme; cette acceptilation, qui n'a pour objet qu'une obligation vaine, doit être considérée comme non avenue. (Loi 8, § 0, *h. t.*) De même, lorsque le créancier est devenu l'héritier de la femme, l'inutilité de l'*intercessio* fait que la confusion reste sans résultats et ne peut être un obstacle à l'exercice de l'action primitive.

L'action restitutoire ne sera pas accordée :

1° Dans le cas d'exception au sénatus-consulte Velléien, c'est-à-dire lorsque l'intercession de la femme est efficace;

2° Quand la femme a payé dans des conditions à ne pouvoir répéter. Ainsi la femme qui avait intercédé a payé en parfaite connaissance de cause, n'ignorant pas qu'elle fût protégée par l'exception du sénatus-consulte Velléien; elle s'est mise dans l'impossibilité d'exercer la *condictio indebiti*; le créancier a reçu un payement définitif; il ne peut donc intenter l'action restitutoire contre son débiteur primitif. (Loi 8, § 10, Dig., *h. t.*)

3° Lorsque cette action ne serait d'aucune utilité au créancier en raison de la personne contre qui elle compéterait, comme dans les cas où il s'agirait d'un pupille non autorisé, d'un mineur de 25 ans, si toutefois il pouvait invoquer le *restitutio in integrum*, enfin d'un fils de famille obligé contrairement au sénatus-consulte Macédonien. Dans ces trois hypothèses le créancier est privé de toutes ressources, il ne peut agir, ni contre le débiteur principal, ni contre la femme qui a intercédé;

4° Lorsque l'action primitive n'a pas été éteinte par *l'expromissio* de la femme, il est évident alors que le créancier n'a pas besoin de recourir à l'action restitutoire. Cette particularité se présente relativement aux hypothèques qui garantissaient la dette antérieure. Il faut se rappeler que les gages et les hypothèques ne s'éteignent que par un payement ou par un mode de satisfaction analogue: *si paret rem in bonis debitoris fuisse ex tempore quo de pignore convenit, neque solutum sit, aut eo modo satisfactum fuerit.* On était arrivé à dire qu'il fallait considérer comme mode de satisfaction analogue au payement, tous ceux qui auraient été volontairement acceptés par le créancier. La novation était donc assimilée au payement, à la condition pourtant qu'elle fût efficace, car il était impossible de supposer que le créancier pût se croire satisfait par une *expromissio* sans valeur. Supposons maintenant qu'une femme se porte *expromissor*, l'obligation du débiteur primitif est éteinte par la novation, mais les gages et les hypothèques qui le garantissaient subsistent toujours, puisqu'il n'y a eu ni payement, ni un mode de satisfaction analogue. Le créancier pourra exercer l'action *quasi Servienne*, sans être obligé de recourir à l'action restitutoire.

Le créancier peut exercer l'action restitutoire aussitôt qu'il le voudra, il n'aura pas besoin d'attendre que la femme lui ait opposé l'exception du sénatus consulte Velléien. De même si la femme a contracté une *expromissio* à terme, le créancier n'est pas obligé d'attendre l'arrivée du terme pour se faire restituer son ancienne action (L. 13, § 2, h. t. Dig.). Dans ce texte Gaïus donne la même décision pour le cas où l'*expromissio* serait conditionnelle. Cette assimilation a donné lieu à une difficulté. En effet, il est difficile de comprendre comment le créancier peut avoir besoin d'une action restitutoire, puisque suivant l'opinion commune, partagée par Gaïus lui-même, la novation est subordonnée à l'arrivée de la condition. Voici l'explication qui a été donnée : sans doute, a-t-on dit, il n'y a pas de novation tant que la condition n'est pas réalisée, mais si, dans l'intervalle, le créancier réclame l'exécution de la dette, il est repoussé par l'exception *pacti conventi ;* or dans l'espèce il paralyse cette exception par une réplication *in factum*, tirée de ce que la condition, vînt-elle à se réaliser plus tard, le débiteur resterait toujours obligé, l'*expromissio* de la femme n'étant pas valable. Il arrive donc que l'action primitive contre laquelle on peut opposer l'*exceptio pacti conventi*, se trouve rétablie par suite de la réplique du *senatusconsultus Vellelant*.

Si l'action éteinte par l'*expromissio* était perpétuelle, elle sera restituée au créancier aussi tard qu'il le voudra (L. 10, h. t., Dig.); si elle était temporaire, elle ne pourra être donnée, lorsque, au moment où le créancier veut la faire rétablir, le temps à l'expiration duquel elle eût été éteinte est expiré. Le créancier n'a pas été placé par suite de l'*expromissio* de la femme dans l'impossibilité d'agir, il ne peut donc invoquer aucune suspension de prescription.

*A qui et contre qui se donne l'action restitutoire.* — Le préteur accorde l'action restitutoire au créancier qui aurait été lésé par l'application du sénatus-consulte et à ses héritiers (L. 10, h. t., Dig.), s'il y a plusieurs créanciers, l'action n'est pas nécessairement restituée à chacun d'eux ; Ulpien nous dit que l'action est restituée à celui-là seul vis-à-vis duquel la femme a intercédé; *ei soli restituit obligatio apud quem intercessit.* (Loi 8, § 11, h. t., Dig.)

.. Soient Primus et Secondus, créanciers solidaires, Seia, s'entend avec Secondus, et s'oblige au lieu et place de Tertius qui est libéré. Il n'y a aucune action à restituer à Primus. De deux choses l'une : ou l'on prétend que Primus a perdu son ancienne action contre Tertius, alors cela est arrivé par suite du droit qu'avait son cocréancier de libérer le débiteur commun; ou l'on admet avec Paul (L. 27 *De pact.* 2, 14, D.), que Secondus n'a pu libérer le débiteur par novation, et il est encore plus évident que Primus n'ayant rien perdu, n'a aucune restitution à demander.

L'action primitive est restituée contre tous ceux qui ont été libérés (L. 8, § 11), par conséquent contre:

1° *L'ancien débiteur* (Loi 1, § 2, h. t., Dig.);

2° *Ses héritiers* et autres successeurs (L. 10, h. t., Dig.);

3° *Les débiteurs* accessoires (L. 14, h. t.);

4° Le maître de l'esclave ou le père de celui au profit duquel elle a intercédé (L. 9 et 32, § 5, h. t. Dig.);

5° *Les corei promittendi*, quant bien même la femme se serait portée *expromissor* pour l'un d'eux seulement, tous les autres, en effet, ont été libérés, et le créancier doit être réintégré dans son action contre eux;

6° *La femme elle-même*, lorsqu'elle est devenue héritière du débiteur primitif (Loi 8, h. t., § 13), et dans ce cas le créancier n'aura pas même besoin de l'action restitutoire, il pourra se servir de l'action que la femme n'a aucun intérêt à repousser, puisqu'elle peut être forcée de payer en vertu de l'action restitutoire.

Lorsque la femme s'est interposée pour un tiers en empruntant comme pour elle, le préteur ne peut rétablir au profit du créancier une action qui n'a jamais existé, il est donc obligé d'en créer une *quo casu datur actio quae instituit magis quam restituit obligationem*. (Loi 8, § 14, h. t., Dig.). Cette action, donnée au créancier, est la même que celle qui serait exercée contre la femme, si l'intercession était valable. De plus le préteur ne se contente pas de créer une action, il la garantit encore par les sûretés particulières qu'un tiers avait pu donner à la femme elle-même. Cette particularité est prévue par la loi 29, h. t., Dig.

Quelqu'un a eu l'intention de prêter de l'argent aux héritiers de Titius, mais comme il ne se fiait pas trop à leur solvabilité, il a préféré prêter à la femme du testateur et en recevoir un gage. Ensuite la femme a prêté aux héritiers, et s'est fait également donner un gage. Il est évident que la femme pourra repousser l'action personnel par l'*exceptio* du sénatus-consulte Velléien et revendiquer les choses données en gage. Mais le préteur accordait avec raison, au créancier contre les héritiers de Titius non-seulement une action personnelle, mais encore une action hypothécaire pour réclamer les objets par eux précédemment affectés à la sûreté de leur dette vis-à-vis de la femme.

## CHAPITRE V.

### INNOVATION DE JUSTINIEN.

Les innovations de Justinien concernent : 1° le renouvellement de l'*intercessio*; 2° l'effet attaché à la déclaration faite par la femme qu'elle a reçu quelque chose pour intercéder; 3° la validité de l'*intercessio pro libertati*; 4° la formalité d'un acte public; 5° l'intercession de la femme pour son mari.

1° *Renouvellement de l'intercession de la femme.* — Pour savoir si la femme peut, par une seconde *intercessio*, faire disparaître le vice qui entachait la première, il faut, suivant les termes de la loi 22, h. t., Cod., distinguer si la femme intercède de nouveau, avant ou après l'expiration des deux années qui ont suivi son premier engagement.

2° *Effet de la déclaration faite par la femme qu'elle a reçu quelque chose pour intercéder.* — Nous avons déjà vu que la femme ne pouvait invoquer le bénéfice du sénatus-consulte Velléien, lorsqu'elle avait reçu quelque chose, comme prix de son intercession. Suivant Justinien, ce point aurait longtemps donné lieu à de nombreuses contestations; *Antiqua jurisdictionis retia et difficillimos nodos resolventes, supervacuas distinctiones exulare cupientes...* (L. 20, Cod., h. t.); nous ignorons quelles étaient ces discussions, elles portaient probablement sur les divers points que Justinien examine dans cette même constitution. Il déclare que le secours du Velléien sera refusé à la femme, si elle reçoit quelque chose, à quelque époque que ce soit, et quelle que soit l'importance de ce qui lui aura été donné; quant à la preuve il faudra distinguer : la femme a-t-elle déclaré, dans un acte public, signé de trois témoins, qu'elle a reçu quelque chose pour intercéder, la femme devra combattre cet aveu par la preuve contraire. Si cette formalité n'a pas été établie, le créancier devra établir que la femme s'est fait payer son intercession.

3° et 4°, Justinien, dans les Lois 24 et 25, h. t., décide que la femme pourra intervenir *pro dote et libertate.*

5° *Formalité d'un acte public dans certains cas.* — La loi 23, § 2, Cod., h. t., ne permet à la femme d'intercéder que par un acte signé de trois témoins. Cette·formalité aura sans doute été exigée pour protéger la femme et la tenir en garde contre sa naturelle ignorance des affaires; on aura voulu éveiller son attention par ces formes solennelles. Lorsqu'il n'y a pas eu d'acte public revêtu de trois signatures, que doit-on décider? Il nous semble que les termes de la constitution impériale frappent d'une nullité absolue cette intercession, soit qu'elle eût été paralysée dans l'ancien droit, par l'exception *senatusconsulti Velleïani*, soit qu'elle eût eu lieu dans un des cas où elle était exceptionnellement permise.

*Intercession de la femme pour son mari.* — L'idée de protection en faveur de la femme, qui se retrouve dans les dispositions dont nous venons de parler, devait naturellement rendre le secours de la loi plus efficace, toutes les fois que le danger serait plus grand pour la femme. Aussi Justinien déclare-t-il radicalement nulle, toute intercession d'une femme en faveur de son mari, *nisi probetur manifeste quia pecuniæ in propriam ipsius mulieris utilitatem expensæ sunt.* (*Authentiq. si qua mulier, ad senatuscons. Vell., Cod.*)

Le sénatus-consulte Velléien ne disparut pas avec l'empire romain; on le retrouve encore dans plusieurs parties de l'Europe, notamment en Allemagne. Diversement modifié suivant les lieux et les coutumes, il demeura longtemps le droit commun de la France. Il était en vigueur dans les ressorts des parlements de Toulouse, de Bordeaux, de Grenoble, d'Aix, de Pau, et dans ceux des conseils souverains de Colmar et de Perpignan. A l'égard des pays coutumiers, nous dit Merlin (1), la disposition de ce sénatus-consulte, et des lois romaines postérieures qui s'y réfèrent (notamment de l'authentique *si qua mulier*), formaient le droit commun, excepté dans quelques lieux particuliers, où il était permis à la femme, par la coutume, de s'obliger pour autrui. Cepen-

---

(1) Répert., v° *Senat. Velléian.*

dant la renonciation du Velléien était presque partout permise. Un arrêt de règlement du parlement de Paris, du 29 juillet 1505, avait statué en ce sens, et enjoint aux notaires « de faire entendre aux femmes qu'elles ne « peuvent s'obliger valablement pour autrui, surtout « pour leurs maris, sans renoncer expressément au bé- « néfice du Velléien et de l'authentique *si qua mulier.* » Ces renonciations devinrent bientôt de style dans les contrats de mariage, et suscitèrent de nombreux procès; le désordre fut tel, que le roi Henri IV, par un édit du mois d'août 1606, abrogea toutes les dispositions du sénatus-consulte Velléien.

Cet édit ne fut jamais enregistré en Normandie, où le sénatus-consulte Velléien continua d'être observé avec beaucoup de rigueur, et ce fut le Code Napoléon qui fit disparaître en France les dernières traces de cette incapacité d'intercéder dont le droit romain avait frappé les femmes.

# DROIT FRANÇAIS.

## DE LA PUISSANCE MARITALE.

### CHAPITRE PRÉLIMINAIRE.

Il a été dit et répété bien souvent que la famille était la base de la société; ce principe n'a jamais été sérieusement contesté, et vouloir le démontrer ici, ne serait-ce pas s'abandonner au facile mais inutile plaisir de refaire une dissertation devenue banale et depuis longtemps achevée? Assurément l'ordre social repose sur la famille, et voilà pourquoi, chez toutes les nations civilisées, la loi s'est montrée si jalouse de venir réglementer, autant que cela était possible, les mœurs domestiques. C'est ainsi qu'à l'origine de toutes les sociétés, le pouvoir du mari sur la femme fut sans doute absolu, et sans autre limite que la volonté plus ou moins impérieuse de celui qui commandait dans chaque famille.

Mais aussitôt que toutes ces familles isolées et indépendantes commencèrent à se former en peuple, l'autorité naissante des lois s'efforça de régulariser ce pouvoir, qui doit tirer sa plus grande force de sa douceur, car si c'est une loi de la nature que le faible obéisse au fort, c'est aussi une loi de Dieu que le fort protége le faible. Le pouvoir du mari est donc légitime et nécessaire, la force n'appartient pas à la femme, il faut qu'elle se résigne à rester soumise ; mais à son tour le mari doit se souvenir, que du jour où sa puissance ne serait plus protectrice elle deviendrait odieuse.

Ce serait une intéressante étude, mais trop savante pour nous, que de suivre chez les peuples les plus célèbres de l'antiquité et des temps modernes, les transformations successives que subit la puissance maritale ; notre tâche se bornera à dire en quelques mots quel fut, à Rome, la condition de la femme mariée, puis par quels éléments germaniques le pouvoir du mari fut modifié, avant de passer dans notre ancien droit coutumier et de trouver sa place dans le Code Napoléon.

## SECTION 1re.

### *Condition de la femme mariée chez les Romains.*

Nous savons dans quel assujettissement rigoureux les femmes avaient été placées par les premières lois de

Rome. La femme n'était pas seulement soumise à son père, à son mari, jamais elle ne pouvait être libre, car si son père ou son mari était mort, elle devait perpétuellement subir la tutelle de ses agnats. La puissance maritale n'était donc pas un pouvoir particulier, c'était une conséquence naturelle de l'incapacité de la femme, et il pouvait arriver qu'il y eût mariage et que la femme demeurât sous la puissance (*in manus*) d'un autre que son mari. En effet, le mariage romain tantôt n'empêchait pas la femme de rester sous la puissance de son père, tantôt la faisait sortir de sa famille pour la placer sous l'entière domination de son mari. Si l'union conjugale avait été contractée suivant certaines formes religieuses déterminées (*confarreatio*), si une vente solennelle était intervenue (*coemptio*); la femme tombait *in manu mariti*; elle y tombait encore si une année s'était écoulée depuis son mariage, sans qu'elle eût déserté trois nuits de suite le toit conjugal. La femme était assimilée à une chose, elle devenait la propriété du mari par l'application des principes ordinaires du droit de possession.

La puissance maritale faisait sortir la femme de sa famille paternelle pour la faire entrer dans celle de son mari, elle l'assujettissait à lui en qualité de fille, elle lui donnait la position de sœur de ses propres enfants. Les droits que le mari avait sur les biens de sa femme étaient aussi absolus que ceux qu'il pouvait invoquer sur sa personne; tout ce que la femme possédait devenait la propriété du mari; il ne lui est permis de rien posséder, et tout ce qu'elle acquiert tombe dans le domaine de son mari.

Si le mari n'exerçait pas sur sa femme ce pouvoir

exorbitant, il ne faudrait pas croire que la position de la femme en fût beaucoup meilleure, elle ne faisait que changer de servitude puisqu'elle restait sous la puissance de son père ou la tutelle de ses agnats. Lorsque la femme ne tombait pas sous la puissance du mari, son père conservait le droit de revendiquer sa fille et de rompre ainsi le mariage contrairement à la volonté des deux époux. Antonin accorda au mari une exception de dol pour repousser cet action; ce fut seulement sous Dioclétien que le pouvoir du mari ne fut plus subordonné au caprice du père.

A l'époque de Justinien la position dès femmes s'est bien améliorée, la *manus* est complétement tombée en désuétude, et la tutelle perpétuelle des agnats n'existe plus. Les lois Julia et Papia Poppea en libéraient déjà les femmes ingénues qui avaient trois enfants et les affranchies qui en avaient quatre. Dès lors l'indépendance de la femme est assurée, et les principes rigoureux de l'ancienne *manus* sont pour toujours anéantis. Tandis que sous la *manus*, les biens de la femme se réunissaient à ceux du mari, le mariage libre prévenait toute confusion de la fortune de la femme au profit du mari. A l'exception de sa dot, tous les biens de la femme lui restaient propres; seule elle en avait la jouissance et l'administration, et le mari n'avait d'autres droits que ceux qu'elle voulait bien lui conférer comme mandataire.

Mais si le mariage libre laissait la femme maîtresse de son patrimoine, il réservait au mari l'entière propriété de la dot, souvent considérable, que la femme avait apportée lors de son mariage. Bientôt la constitution de dot, qui dans l'origine était véritablement une donation irrévocable faite au mari, ne lui assura plus d'autre droit que celui d'une simple jouissance; la dot lui était donnée pour le mettre en mesure de supporter les charges du mariage, et il devait la rendre à sa femme ou à ses héritiers dès que le mariage était dissous. Mais la restitution de la dot pouvait devenir illusoire si la dot venait à être dissipée; alors commença à se développer avec la loi Julia, qui défend au mari d'aliéner l'immeuble dotal sans le consentement de sa femme, tout un système de protection à l'égard de la femme, et sous Justinien il avait reçu une étendue exorbitante. Les lois de cette époque ne paraissent avoir d'autre sollicitude que de protéger la femme contre la violence ou les embûches de son mari; elles réussirent si bien à séparer les intérêts des époux, qu'elles firent du mariage une association étrange où rien n'était commun, excepté un mutuel égoïsme.

Au milieu de ce désarroi de la société conjugale, la puissance maritale ne peut exister, à moins cependant qu'on ne veuille considérer comme un vestige de ce pouvoir un certain respect envers le mari que les lois veulent bien encore conseiller aux femmes : *Recepta reverentia quæ maritis exhibenda est.* (L. 8, § 2, Code, *De repudius.*)

## SECTION II.

*Puissance maritale chez les Gaulois et les Germains.*

C'est seulement à partir du César que commence à se

faire la lumière sur l'état intérieur de la Gaule, car le voyage du grec Possidonias est perdu, ainsi que le livre de Timagène. On trouve dans le livre VI des Commentaires le passage suivant : « les hommes ont sur leurs femmes et sur leurs enfants le droit de vie et de mort, et quand un chef illustre d'une famille meurt, ses parents s'assemblent ; s'il y a des doutes sur la cause de sa mort, on donne la question aux femmes comme aux esclaves. »

Le pouvoir du chef de famille était donc aussi absolu qu'il l'était à Rome lorsque la femme tombait sous la *manus* de son mari. Il résulterait aussi de ce passage que les Gaulois pouvaient avoir plusieurs femmes, cependant on s'accorde généralement à dire que la monogamie était la règle respectée de la nation, mais que les chefs se faisaient parfois un orgueilleux plaisir de l'enfreindre.

Un autre texte (1) de César a donné lieu à une opinion assez répandue d'après laquelle il faudrait aller chercher l'origine de la communauté dans les usages Gaulois. Nous pensons au contraire, conformément à ce qui nous a été enseigné, qu'il ne faut voir sans ce texte que la mention d'un gain de survie. Le divorce, si cher aux Romains de l'empire, n'était pas non plus inconnu des Gaulois.

« Le mari envoyait à sa femme le libellé de la répu-
« diation, et restait libre de se marier selon son bon
« plaisir ; la femme ne pouvait se marier qu'autant que

---

(1) Viri quantas pecunias ab uxoribus dotis nomine receperunt, tantas ex suis bonis, estimatione facta communicant hujus omnis pecuniæ conjunctim ratio habetur, fructusque servantur. Uter eorum vita superavit, ad eum pars utriusque, cum fructibus superiorum temporum pervenit.

« son maître avait fait choix d'une autre épouse ; jusque
« là elle devait attendre qu'il lui plût de se repentir et
« de la reprendre. » (M. Laferrière, *histoire du droit.*)

C'est en Germanie seulement que nous trouverons la
puissance maritale, avec ce caractère de protection que
le droit romain n'a point connu, et qui ne se retrouve
chez aucun des autres peuples de l'antiquité.

On y voit tous les individus unis par les liens du sang
former une société dont les membres se doivent un mutuel
secours, les plus faibles sont sous la protection d'un
chef, qui poursuit la vengeance et la réparation du mal qui
est advenu à l'un de ceux qui vivent sous son *mundium.*
La femme germaine qui naissait sous le *mundium* de
son père passait en se mariant sous le *mundium* de son
mari. Le mariage germain nous apparaît d'abord avec
un singulier caractère de rudesse barbare. Le père
vendait au mari sa fille sans s'inquiéter de son consentement, et recevait en échange un prix qui est désigné
dans les lois Saxones, Bourguignones et Lombardes,
sous le nom de *Wittmon, pretium uxoris, meta.* Le prix
du *mundium* payé dans l'origine aux parents seuls de
la femme, partagé plus tard entre eux et la femme, finit
par appartenir exclusivement à la femme.

Les Germains dotaient leurs femmes ; comme les filles
n'héritaient pas, il était naturel que leurs maris leurs
fissent des présents. Cette donation se composait d'objets
de ménage et d'animaux domestiques, elle était connue
sous le nom de *morgengabe,* don du matin, et repré-
sentait le prix de la virginité de la nouvelle épouse. Le
morgengabe ne pouvait être offrt à la veuve, la donation
faite à la veuve, se retrouve cependant dans certaines

coutumes de la Suisse sous le nom d'*abendgabe*, don du soir. Quand plus tard les Germains connaîtront la propriété foncière, le mari laissera la jouissance d'une terre à sa femme devenue veuve, c'est l'origine du douaire. La femme germaine s'associe aux labeurs et aux périls de son mari, il n'est donc pas étonnant que cette communauté de sentiments ait produit une communauté d'intérêts. Toutes les acquisitions faites pendant le mariage, sont considérées comme le fruit de la collaboration des deux époux, et les lois Franques en donnent une part à la femme; il ne faut pas aller chercher ailleurs les origines de la communauté coutumière. Dans la vie privée la puissance maritale attribue au mari toute l'autorité du commandement, si la femme s'est rendue coupable de révolte ou d'infidélité à son égard, il peut la faire condamner à mort par ses parents assemblés; mais à son tour il est responsable des abus de pouvoir qu'il a pu commettre, d'après la loi de Rotharis, s'il tuait injustement sa femme, il ne pouvait rien conserver de la fortune de sa victime, il était même condamné à une amende considérable.

C'est au mari que revenait le prix de composition ou wehrged qui doit être payé par le meurtrier ou le ravisseur de la femme. Si pendant l'enlèvement de sa femme un enfant adultérin venait à naître, cet enfant tombait sous la puissance du mari. C'est là une bizarre conséquence du *mundium* germanique. En effet, le *mundium* que le mari avait acquis sur sa femme, s'étendait par suite sur les enfants dont elle avait elle-même le *mundium*.

Le divorce était inconnu aux Germains, et nous savons

quel contraste Tacite trouvait à opposer dans l'unité et la chasteté du mariage germain, aux désordres de la famille romaine. Cependant le tableau de mœurs décrit par Tacite, cessait d'être vrai, au temps de l'invasion; les lois barbares autorisent la répudiation et le divorce. Ainsi la loi des Bourguignons permet au mari de répudier sa femme, dans les cas où elle serait adultère, empoisonneuse, ou violerait les tombeaux.

La seule loi des Allemands parle du consentement mutuel, toutes les autres lois ne paraissent pas s'occuper du consentement de la femme.

En résumé le *mundium* germain, mettait la femme sous la dépendance de son mari, mais comme la *manus* romaine il ne la livrait pas à sa discrétion. Tous les droits civils n'étaient pas refusés à la femme, et le mariage tout en la faisant entrer en communauté d'intérêts avec son mari, lui laissait la propriété de ses biens. Les mœurs germaines avaient trouvé le moyen de sauvegarder les intérêts de la femme, et de l'associer aux travaux et aux dangers de celui qu'elle avait choisi pour mari et pour chef. Il n'est donc pas étonnant que la femme, si méprisée à Rome, parce qu'elle ne fut jamais dans la maison de son mari qu'une esclave ou une étrangère, ait trouvé une condition plus douce chez un peuple barbare. Tacite nous parle du prix que les Germains attachaient à l'approbation des femmes; bien souvent la paix naissait de leurs conseils, et quand ils étaient en guerre les cris et les louanges des femmes excitaient la valeur des combattants.

## SECTION III.

### *De la puissance maritale dans l'ancien droit.*

Au moment où les Francs commençaient à se constituer en nation, les doctrines du droit romain et celles des lois germaines se partageaient la contrée qui finit par former l'ancienne France. Ces éléments divers restèrent longtemps en présence sans se confondre ; le droit romain, plus ou moins altéré continua toujours de régir les provinces méridionales, tandis que l'élément germanique laissait fortement son empreinte dans les pays de l'est et du nord. Il nous faudra donc examiner séparément quelle fut la condition de la femme mariée dans les pays de droit écrit et dans ceux de droit coutumier.

### *Droit écrit.*

La puissance maritale ne s'établit pas dans les pays de droit écrit, et toutes les traditions du dernier état du droit romain, s'y perpétuèrent. Le mariage libre, *sine manu*, fut universellement adopté, mais les désordres qui l'accompagnaient à Rome y demeurèrent étrangers, grâce assurément aux préceptes du christianisme, mais aussi à l'absence des richesses prodigieuses, qui faisaient surtout rechercher les épouses romaines.

Pour intenter ou soutenir un procès, pour contracter pour s'obliger, pour administrer, pour disposer, pour donner, pour recevoir, la femme eut sur tous les biens qu'elle s'était réservés comme paraphernaux une pleine capacité, le consentement du mari n'avait pas besoin d'être requis ni obtenu. Cependant le consentement du mari et, à son défaut, celui de la justice, finirent par être exigés, mais seulement par l'art. 9 de l'Ordonnance de 1731, pour toute donation faite à la femme.

S'il n'y avait pas eu de constitution de dot, la jurisprudence et la majorité des coutumes, déclaraient paraphernaux tous les biens de la femme, et appliquaient ainsi les principes du droit romain; par exception les coutumes de la Marche et de l'Auvergne déclaraient ces biens dotaux.

Il était consacré par la jurisprudence que l'estimation des meubles dotaux ne valait vente qu'autant que cette intention des parties en ressortait expressément. Si la dot était immobilière, le mari qui voulait l'aliéner devait obtenir le consentement de sa femme. Mais vers le xi° siècle la loi Julia céda la place à la législation de Justinien, et alors fut admis le principe de l'inaliénabilité du fonds dotal. La restitution de la dot était garantie à la femme, par le droit de reprise qui lui appartenait en cas de mauvaise administration du mari; si la dot avait été aliénée, elle pouvait après le mariage la revendiquer contre les tiers; enfin des privilèges et hypothèques lui était accordés sur les biens de son mari. L'hypothèque de la femme mariée ne lui donnait jamais un droit de préférence contre les créanciers antérieurs au contrat de mariage; un seul parlement, celui de Toulouse, avait adopté cette faveur excessive accordée aux femmes par Justinien.

L'influence du droit coutumier, si tardive qu'elle fût,

finit cependant par se faire sentir dans les provinces de droit écrit. Elle commença d'abord par se manifester dans les pays de droit écrit qui se trouvaient dans le ressort du Parlement de Paris.

C'est ainsi que les provinces du Lyonnais, Forez, Beaujolais, Nivernais avaient reconnu la nécessité du consentément et de l'autorisation du mari pour les obligations de la femme, et ses actes de disposition. Dans ces mêmes contrées les immeubles dotaux furent soumis au droit commun de l'aliénabilité par une déclaration royale de 1664.

Sous le nom *d'augment* de dot, les pays méridionaux connurent aussi le douaire des pays coutumiers, et dans le Bordelais, au sein du régime dotal, avait pris naissance la société d'acquêts.

Enfin, comme dans les pays coutumiers, le mari avait aussi les titres et l'exercice des droits seigneuriaux attachés aux biens de sa femme, Il pouvait sommer les vassaux de lui rendre foi et hommage, et saisir féodalement leurs fiefs.

### *Droit coutumier.*

Dans les pays de droit écrit, la subordination de la femme mariée fut le principe fondamental du mariage. La féodalité perpétua les traditions germaines, la femme dut obéir dans une société où la force seule dictait des lois.

Le mariage émancipe de la puissance du père, Il fait passer la femme sous la puissance de son mari. « Une

femme mariée en pays coutumier ne peut être en garde
d'autres que de son mari (1). »

D'après les mœurs chevaleresques et les habitudes
galantes de l'époque féodale on pourrait s'imaginer que
la condition légale des femmes s'était beaucoup adoucie.
Cette opinion est certainement juste, mais il faut
prendre garde de l'exagérer.

Beaucoup de gens seraient bien surpris de lire dans
Beaumanoir, le passage suivant, qui consacre le droit de
correction matérielle, que ces galants chevaliers ne crai-
gnaient pas d'infliger à leur dame. « En plusieurs cas
« les hommes ne peuvent être accusés des griefs qu'ils
« font à leur femme, ni ne s'en doit la justice entremet-
« tre, car il loit bien à l'homme de battre sa femme,
« sans mort et sans mehaing.

« Si comme quand elle est en voie de faire folie de son
corps,

« Ou quand elle dément son mari, ou quand elle ne
« veut obéir à ses raisonnables commandements, que
« prude femme doit faire.

« En tous tels cas et semblables, est-il bien que le
« mari châtie sa femme raisonnablement (2). »

Faut-il encore rappeler cette singulière prescription
faite aux femmes de laisser pousser leurs cheveux afin
que leur mari eussent plus facilement prise sur elles, de
telle sorte, comme on l'a dit très-ingénieusement (3), que

---

(1) Desmares, décision 200.
(2) Beaumanoir, *Coutume de Beauvoisis*, titre 57.
(3) M. Lefèvre-Pontalis, *Thèse de doctorat*, 1855.

l'ornement de leur beauté était ainsi transformé en instrument de leur servitude.

Le meurtre de la femme et de son complice était un droit reconnu, l'ancienne coutume de Berry permettait même au fils d'aider son père dans cette expiation terrible.

Les ducs de Bourgogne poussèrent la courtoisie jusqu'à octroyer aux femmes des priviléges pour n'être point battues (statut de Villefranche, en Beaujolais).

L'incapacité de la femme fut la conséquence naturelle de la subordination de sa personne. La nécessité de l'autorisation maritale est inhérente à la condition de la femme mariée ; cette incapacité commence avec le mariage, la coutume d'Artois la faisait même remonter au jour des fiançailles, ce que Dumoulin déclarait inepte puisque la femme fiancée pouvait encore refuser de se marier.

« Nulle femme, disent les Etablissements de saint
« Louis, n'a réponse en cour laïque, puisqu'elle a sei-
« gneur. » Plus tard la prohibition fut absolue, et il fut même défendu à la femme de paraître en cour ecclésiastique. La femme mariée ne pouvait donc ester en justice sans l'autorisation de son mari ; il fallait absolument le concours du mari, soit dans les instances dirigées contre la femme, soit dans celles qu'elle engageait. Le mari devait être appelé en cause, et par conséquent si une fille ou une veuve avait un procès et se mariait, elle ne pouvait continuer la poursuite qu'avec l'aide du mari.

Par exception la femme mariée pouvait ester en justice sans l'autorisation de son mari :

1° Si elle était séparée de biens. Avant la réformation de la coutume de Paris, elle pouvait contracter et même alléner ses immeubles comme la femme non mariée. Quand cette coutume fut réformée, il fut décidé que la femme séparée de biens pourrait seulement aliéner ses meubles, et qu'elle ne pourrait librement contracter que pour les actes d'administration; c'est également pour les actes qui concernent l'administration de ses biens, qu'il lui est permis d'ester seule en justice;

2° Si elle était appelée en justice pour crime ou délit. Mais l'autorisation du mari était exigée si c'était la femme qui intentait l'action criminelle. Seules, les coutumes d'Orléans et de Montargis lui permettaient d'intenter, sans l'autorisation maritale, l'action civile résultant des crimes et délits.

Presque tous les actes de la vie civile étaient interdits à la femme. Le chapitre 38 des Assises de Jérusalem s'explique formellement à cet égard : « Et devez savoir que si femme qui est mariée faisait gagière, don, vente ou telle chose sans l'octroi de son baron, il ne vaut rien, et le baron le peut défaire. »

D'après l'art. 223 de la coutume de Paris, la femme ne peut aliéner ni ses immeubles, ni ses meubles, ni toucher ses créances, ni répudier une succession, elle peut seulement payer ses dettes échues. Le concours du mari dans l'acte ne suffisait pas, il fallait une autorisation expresse. Si le mari refuse d'autoriser la femme, la coutume du Nivernais seule disait que la femme pourrait se faire autoriser par la justice, cette disposition devint le droit commun et fut étendue au cas d'absence et de démence du mari. La femme faisait sommation au mari, et si cette sommation restait inutile, elle présentait une requête au juge, qui lui donnait l'autorisation par une ordonnance.

L'art. 9 de l'ordonnance de 1731 disait que la femme avait besoin de l'autorisation de son mari pour accepter une donation. Une controverse très-vive existait entre les auteurs pour savoir si cet article était applicable aux donations mutuelles permises entre époux. Ricard et Lebrun n'exigeaient pas l'autorisation du mari, parce que, disaient-ils, ce serait faire tourner contre le mari cette autorisation qui n'est exigée que pour faire respecter sa puissance maritale. Ils invoquaient encore cette règle du droit romain, *nemo in rem suam auctor esse potest.*

Pothier était d'un avis contraire, et s'appuyait sur la généralité des termes de l'ordonnance de 1731. Quant à la règle, *nemo in rem suam auctor esse potest*, elle n'avait d'application que pour le tuteur, ainsi que l'avait décidé, du reste, un arrêt de 1635.

En cas même de minorité du mari, son autorisation était nécessaire à la femme, mais elle lui suffisait. Ainsi, par exemple, l'aliénation des biens de la femme qu'il avait consentie était valable, mais si elle lui avait été désavantageuse il avait le droit de demander des lettres de rescision, afin que cette aliénation fût annulée.

Dans la coutume de Nivernais, cette incapacité de la femme s'étendait même jusqu'à la faculté de tester : « Femme mariée après le contrat de mariage et solenni- « sation en face de l'Église, est et demeure du tout en « puissance de son mari, et ne peut faire contrat, ni par « disposition entre vifs, ni par disposition de testament. « (Coutumes du Nivernais, chap. 23, art. I.) » Cela est bien dur, disait Guy Coquille, sur la coutume du Ni-

vernais, « quand presque toutes les autres coutumes ne
« prohibent à la femme do tester, et aucunes le per-
« mettent expressément sous l'autorisation de leur
« mari, comme celles du Poitou, Auxerre, Orléans et
« Berry. »

Cet exposé de la condition des femmes dans l'ancien
droit serait incomplet si , après avoir vu quelles restric-
tions la puissance maritale fit subir à leur liberté, nous
passions sous silence les avantages qui leur furent accordés en échange de cette infériorité civile.

Comme nousl'avons déjà remarqué, chez les Germains
c'était le mari qui dotait sa femme, en outre le lendemain des noces, l'épousée recevait le morgengabe, *do-
num matulinum*. Ces traditions germaniques donnèrent
naissance au douaire des pays coutumiers. Le douaire
le plus ordinairement assurait à la femme après la mort
de son mari la jouissance d'un immeuble. D'abord volontaire, il devint peu à peu coutumier, et à défaut de
stipulation expresse, la femme avait le droit de l'exiger.
Aussi le prêtre qui consacrait le mariage, demandait-il
au mari quel douaire il avait constitué à la femme, et s'il
n'en avait pas constitué, l'Église avait dans sa juridiction de fixer ce douaire.

L'origine de la communauté se retrouve aussi dans
diverses lois barbares qui assuraient à la femme certain
gain de survie consistant en une part des acquisitions
faites pendant le mariage. Il a été soutenu que la communauté ne pouvait procéder de ces lois barbares, puisque ces gains de survie portaient seulement sur les acquêts et non sur les meubles. A cette objection il suffira
de répondre que la communauté s'est développée et suc-

cessivement étendue. On a objecté encore que la part de la femme n'était que du tiers dans la plupart de ces lois, cela est vrai, mais bientôt lorsqu'elle fut considérée comme associée elle partagea avec le mari.

L'époque de la naissance de la communauté différait suivant les coutumes ; tantôt elles la fixaient après un an et un jour de vie commune, tantôt elles la faisaient dépendre de la consommation du mariage, tantôt, enfin, elles la faisaient remonter à la célébration du même mariage.

Le système des récompenses donna à la femme sur les biens du mari un droit de reprise dans les cas où il diminucrait à son profit, la part qu'il était tenu de lui rendre ; de plus le droit de demander la séparation de biens fut accordé à la femme lorsqu'elle voyait en danger le patrimoine commun. La femme répondait, il est vrai, sur ses biens personnels, de toutes les dettes contractées pendant le mariage. Mais le principe de la renonciation diminua considérablement les dangers qu'elle pouvait courir. Ce fut pendant les croisades que ce privilége prit naissance au profit des veuves des chevaliers ruinés par ces guerres lointaines, il fut ensuite étendu à toutes les classes du peuple, et devint ainsi la sauvegarde des intérêts de la femme.

Tel était avant 1789 l'état de la société conjugale dans les pays de droit coutumier. La Révolution, qui changea tant de choses dans l'ordre politique, conserva presque complétement les principes qui régissaient la communauté et la puissance maritale. Si le douaire fut supprimé c'est qu'il était contraire aux nouvelles lois de succession qui voulaient faire régner l'égalité la plus grande dans les partages. Mais des modifications plus importantes eurent lieu, le mariage, dégagé de toute solennité religieuse, devint un contrat purement civil, que pouvait défaire la volonté des époux. Le divorce fut établi par la loi du 20 septembre 1792 : « il s'agissait, « disait le rapporteur Condorcet, de consacrer pour la « première fois sur la terre toute l'égalité de la nature, « de laisser subsister dans toute son étendue l'exercice « de la liberté individuelle dont un engagement indis- « soluble serait la perte. » Cette innovation avait été adoptée par les législateurs de 1804, mais la loi du 8 mai 1816, a supprimé le divorce. C'est dans le Code Napoléon, ainsi réformé, que nous examinerons quelle est la condition de la femme, et en particulier, comment sa capacité civile se trouve limitée par la puissance maritale.

# ÉTAT ACTUEL DU DROIT FRANÇAIS.

## CHAPITRE PREMIER.

### DE LA PUISSANCE MARITALE PAR RAPPORT A LA PERSONNE DE LA FEMME.

« Le mariage, disait Pothier, en formant une société
« entre le mari et la femme, dont le mari est le chef,
« donne au mari, en la qualité qu'il a de chef de cette
« société, un droit de puissance sur la personne de sa
« femme (1). »

Les rédacteurs du Code firent passer dans nos lois
cette puissance maritale, dont le joug si facile à porter
suscite pourtant encore des réclamations assez vives. Et
cependant combien cette autorité est faible et inoffensive
si on la compare à celle que le Premier Consul eût voulu

---

(1) *Traité de la puissance du mari* (article préliminaire).

attribuer au mari. « Les femmes ont besoin d'être con-
« tenues, s'écriait-il, elles ont trop d'autorité, il faut un
« frein aux femmes qui sont adultères, par du clinquant,
« des vers, Apollon, les muses, etc..... Un mari doit
« pouvoir exercer un empire absolu sur les actions de
« femme, et avoir le droit de lui dire : Madame, vous
« m'appartiendrez corps et âme (1). »

Cette rigueur était trop contraire à nos mœurs pour
être adoptée ; aussi la puissance maritale telle que le Code
l'a consacrée, n'a-t-elle rien de tyrannique, elle ne
s'exerce que pour protéger la femme et maintenir l'ordre
et la tranquillité dans la famille.

L'art. 213, Code Nap., déclare que la femme doit
obéissance à son mari ; l'art. 214 ne fait que développer
ce précepte, en imposant à la femme l'obligation d'habiter avec son mari et de le suivre partout où il juge à
propos de résider. Pothier était d'avis que cette obligation n'existait plus pour la femme lorsque le mari allait
s'établir en pays étranger, parce que la femme devait
moins à son mari qu'à sa patrie. L'art. 214 ne fait pas
d'exception, nous pensons donc que la femme est obligée
de suivre son mari même en pays étrangers, sauf le cas
où des lois spéciales prohiberaient l'émigration. Mais il
ne faut pas en conclure, ainsi que le fait justement remarquer M. Bugnet (2), que la femme est dans la nécessité d'abdiquer sa patrie ; elle restera française si cela
lui convient.

Le mari perd le droit d'exiger que sa femme l'accom-

---

(1) Thibeaudeau, *Mémoires sur le Consulat.*
(2) Notes sur Pothier, *Puissance maritale*, page 2, note 1.

pagne s'il ne lui fournit pas tout ce qui est nécessaire pour les besoins de la vie, selon ses facultés et son état. (Art. 214, Code Nap.)

Si la femme refuse de venir habiter avec son mari, quelle sera la sanction de l'art. 214 ? Le silence du Code a fait naître, parmi les légistes, de nombreux désaccords. Le seul mode de sanction qui paraisse certain et incontesté, est le droit du mari de refuser des aliments à sa femme qui déserte la maison commune. Il est encore évident qu'il peut demander la séparation de corps contre la femme qui méconnaît ainsi son autorité; mais en obtenant la séparation, il donne précisément à la femme le droit d'avoir un domicile séparé.

La majorité des auteurs admet que le mari peut recourir à la force armée pour contraindre sa femme à revenir auprès de lui; toute obligation, par cela seul qu'elle est écrite dans la loi, doit avoir une sanction efficace, or le meilleur moyen de faire rentrer la femme dans la maison de son mari est d'employer la force publique. Quelle que grande que soit l'autorité juridique des partisans de ce système, nous ne pouvons nous décider à l'admettre, parce qu'il nous paraît porter une trop visible atteinte à la liberté individuelle. En effet, les art. 2063, Code Nap., 126, Code de procéd., n'autorisent la contrainte par corps que dans les cas déterminés par la loi; or, il n'est aucun article de nos Codes qui décrète la contrainte par corps contre la femme qui abandonne là demeure de son mari.

On a prétendu que le mari qui faisait reconduire sa femme *manu militari* n'avait pas recours à une véritable contrainte par corps, puisque c'était dans sa maison, et

non dans une prison, q u'l voulait renfermer la fugitive.
La Cour de Cassation, dans un arrêt du 5 août 1828, a
même déclaré que l'emploi de la force publique ne fait
qu'accompagner la personne pour la mettre en état de
remplir ses devoirs, et de jouir de ses biens en plus
de liberté. Cette distinction est-elle bien fondée, le mot
même de *contrainte par corps* n'indique-t-il pas que
le caractère principal de cette mesure est la main-mise
sur la personne? Et puis quel sera pour le mari le résultat de cette violence. Sa femme sera de retour près de lui,
mais s'il veut la retenir, les veilles les plus patientes et
les plus assidues ne pourront pas le garantir d'une seconde mésaventure plus scandaleuse et plus humiliante
encore que la première. Mais, dit-on, la femme chez
laquelle tout honnête sentiment ne sera pas éteint, ne
voudra pas, elle aussi, subir une seconde fois la honte de
rentrer prisonnière au milieu de ses enfants. Cela peut
se faire, mais c'est déjà trop que cette scène se soit une
fois produite, et mieux vaudrait, pour la dignité de tous,
avoir abandonné la femme dans sa fuite. Nous ferons
remarquer encore qu'il serait bien étonnant que la loi
ait accordé au mari ce moyen de coercition sans en avoir
réglé l'exercice et déterminé l'étendue; ce n'est point
ainsi qu'elle procède lorsqu'elle donne pour sanction à
un devoir de famille l'arrestation et l'emprisonnement.

On peut voir, au titre de la Puissance paternelle, avec
quel soin minutieux elle a pris garde à ce que nul abus
ne se produisit dans l'exercice du droit de correction
qu'elle attribue au chef de famille.

D'autres modes de sanction ont été proposés; c'est

ainsi qu'on a prétendu que la femme pouvait être privée de ses avantages matrimoniaux, ou encore que le mari pouvait saisir les revenus de ses biens. Ce dernier moyen est assurément moins rigoureux que le premier, car les revenus sont seulement remis sous la garde provisoire du mari; mais, comme le premier, il a le défaut de n'être directement établi par aucun texte.

Mais quelle sera donc, en définitive, la sanction de l'art. 214? Nous pensons qu'elle consiste seulement, pour le mari, dans la faculté de demander la séparation de corps, et le droit de refuser des aliments à sa femme, car c'est seulement dans la maison commune qu'il est tenu de pourvoir aux besoins de sa femme. En résumé, il peut se faire que l'art. 214 ait une sanction bien insuffisante, mais pourquoi vouloir lui en donner plusieurs qui ne sont pas l'œuvre de la loi? Quant à nous, nous serions tenté de croire, que si les rédacteurs du Code ont donné une si faible sanction à l'art. 214, c'est qu'ils ont pensé que toute mesure de rigueur serait un mauvais moyen pour rétablir la paix du ménage, et ramener la femme dans la maison de son mari.

Parmi tous les devoirs imposés à la femme, la fidélité est le seul qui soit sanctionné par la loi pénale; encore l'adultère ne peut-il être poursuivi que par le mari. L'emprisonnement perpétuel qui était, dans l'ancien droit, la peine infligée à la femme, est remplacé par un emprisonnement de trois mois à deux ans.

Si le mari peut faire punir l'adultère de sa femme, ce n'est pas uniquement parce que son autorité maritale a été outragée, la loi devait surtout punir ce crime, parce qu'une grave atteinte avait été portée à la dignité du mariage. Cette même considération devait faire également punir l'adultère du mari; seulement comme l'infidélité du mari est moins désastreuse pour la société que celle de la femme, les rédacteurs du Code ont cru avoir assez fait pour les bonnes mœurs en condamnant le mari coupable à une amende qui peut varier depuis 300 jusqu'à 2,000 francs et à cette peine s'ajoute pour le mari la déchéance du droit de dénoncer l'adultère de sa femme; on peut s'étonner à bon droit que la faute du mari devienne ainsi pour la femme un gage certain d'impunité.

## CHAPITRE II.

### INCAPACITÉ CIVILE DE LA FEMME : QUELS EN SONT LES MOTIFS.

Le mariage soumet la femme à un certain état d'incapacité qui est devenu la loi commune du mariage, car la puissance du mari subsiste toujours, quel que soit le régime adopté par les époux, seulement les effets de cette puissance sont plus ou moins étendus selon que es époux ont adopté tel ou tel régime. Mais d'où vient cette incapacité de la femme, et pourquoi ne peut-elle faire certains actes sans l'autorisation de son mari? Il est évident, disent plusieurs auteurs, que l'idée romaine de l'infériorité de la femme n'a pas été admise dans nos lois, et que, si pour certains actes la femme a besoin de l'autorisation de son mari, ce n'est pas à



7.

cause de sa faiblesse et de son inexpérience. Une pareille doctrine choquerait la raison; la fille et la veuve ont une capacité juridique complète; leur suffirait-il donc de se marier pour faire croire que leur intelligence s'est subitement obscurcie ? Cependant, si nous sommes convaincu que l'incapacité civile de la femme résulte principalement de la nécessité de donner au mari une autorité dirigeante, nous pensons également que le désir de protéger les femmes n'a pas été étranger à ceux qui l'ont décrétée. Si l'incapacité de la femme n'avait d'autres fondements que l'obéissance qu'elle doit à son mari, le droit de poursuivre l'annulation des actes qu'elle a faits sans aucune autorisation n'appartiendrait qu'à lui; or l'art. 225, Cod. Nap., donne ce droit non-seulement au mari, mais encore à la femme elle-même. L'art. 221, Cod. Nap., soumet à l'autorisation de la justice la femme dont le mari est frappé d'une condamnation emportant peine afflictive ou infamante, et pourtant alors la puissance maritale n'existe plus, le mari en a été dépouillé comme indigne. Si l'autorisation de la justice est exigée, c'est que les rédacteurs du Code ont pensé qu'il importait à la femme de l'obtenir. Mais enfin, pourquoi la femme ne serait-elle pas aussi capable le lendemain de son mariage que la veille, et pourquoi lui suffit-il de devenir veuve pour recouvrer sa capacité, si cela ne tient pas à la puissance maritale ? Évidemment nous ne prétendons pas nier que la puissance maritale ne soit le principal fondement de l'incapacité de la femme, mais en mettant de côté ce motif, voici ce que l'on pourrait peut-être répondre pour expliquer la différence entre la femme mariée et celle qui ne l'est pas: la femme qui n'est pas mariée a beaucoup moins d'occasions de faire des actes de la vie civile; lorsqu'elle contractera quelque obligation, elle recevra les conseils de sa famille, et peu à peu elle se formera une certaine expérience des affaires; la femme mariée, au contraire, laisse le plus souvent tous ces soins à son mari, il y aurait donc danger de lui permettre de s'engager seule, et sans le secours de son mari, qui la protégera contre elle-même.

L'incapacité de la femme mariée s'étend à deux sortes d'actes distincts que nous allons successivement examiner : 1° aux actes judiciaires; 2° aux actes extra-judiciaires.

## CHAPITRE III.

### DE L'INCAPACITÉ D'AGIR EN JUSTICE.

« La femme ne peut ester en jugement sans l'autori-
« sation de son mari, quand même elle serait marchande
« publique, ou non commune ou séparée de biens. »
(Art. 215, Code Napoléon.)

La durée de l'incapacité pour la femme d'ester en justice se mesure exactement sur la durée du mariage. Il n'en était pas ainsi dans l'ancienne législation qui reconnaissait à la femme séparée de biens le droit d'ester en justice, sans autorisation pour ce qui concernait l'administration de ses biens. Quelques coutumes allaient même plus loin et permettaient aux femmes marchandes publiques d'intenter, sans autorisation de leur mari, les demandes relatives à leur commerce et s'y défendre ; telles étaient celles de Dourdan et de Mantes.

La femme qui n'a pas besoin d'être autorisée quand son mari plaide contre elle, parce que la demande du mari implique son autorisation, ne peut au contraire se passer d'autorisation lorsqu'elle plaide contre son mari. L'autorisation de la justice pourrait d'ailleurs, comme nous le verrons plus tard, suppléer celle du mari.

Toutefois, lorsque la femme veut former une demande en séparation de corps ou de biens, elle peut, sans aucune autorisation, présenter la requête qui doit précéder sa demande ; quant à sa demande, elle la formera avec l'autorisation du président du tribunal. (Art. 865, 875 et 878, Code de procédure.)

Dans le cas où la femme demanderait la nullité de son mariage, nous pensons encore que l'autorisation du mari est nécessaire. En réalité, la femme reconnaît, du moins implicitement, que le mariage existe encore, et comme tel il doit produire ses effets ; bien que la soumission de la femme à un fait qu'elle conteste paraisse une anomalie, il ne faut se préoccuper ici que de la décision de la justice, dont le jugement de nullité ou de validité est encore à intervenir.

De même nous pensons que l'autorisation serait nécessaire à la femme pour poursuivre l'interdiction de son mari, quoi qu'il puisse paraître singulier de demander en pareil cas l'autorisation du mari. Mais l'art. 215 ne distingue pas, et la règle qu'il pose peut être fort utile pour empêcher une poursuite téméraire.

Il y a certains actes qu'il ne faut pas confondre avec les actes judiciaires proprement dits, et qui échappent à l'autorisation maritale; ainsi la femme peut faire, sans être autorisée, tous les actes conservatoires et ceux-là mêmes pour lesquels le ministère des huissiers serait nécessaire; elle peut faire non-seulement la transcription de son acte de mariage (art. 171), ou d'une donation entre vifs (art. 910), ou d'une hypothèque légale (art. 2194), mais encore des sommations, des notes, oppositions, à condition toutefois que ces derniers actes seront faits *in limine litis.*

L'autorisation du mari est nécessaire à la femme même pour comparaître en conciliation devant le juge de paix, car ce préliminaire est le début d'une instance judiciaire. L'autorisation du mari est exigée devant tous les degrés de juridiction, car c'est toujours ester en justice. Mais que décider, lorsque l'autorisation du mari n'est ni restreinte au premier degré, ni étendue à toutes les phases du procès?

Une première opinion enseigne qu'il faut à la femme. une autorisation nouvelle pour chaque instance relative à la même action. On ne doit pas présumer que le mari ait permis d'avance d'épuiser tous les degrés de juridiction. D'autres auteurs décident la question par la distinction suivante : Si la femme a perdu son procès en première instance, il lui faut une nouvelle autorisation pour porter appel, si elle l'a gagné elle n'a pas besoin d'autorisation pour défendre à l'appel interjeté par son adversaire. Le succès a prouvé que la cause était bonne, et dès lors l'autorisation doit être présumée donnée pour soutenir jusqu'au bout la décision qui a triomphé. On argumente encore en faveur de cette distinction, de ce qui a lieu pour les communes qui n'ont pas besoin pour défendre sur appel d'une autorisation nouvelle, quand elles en auraient besoin pour l'interjeter. Bien que cette distinction ait été consacrée par plusieurs arrêts de la Cour de Cassation (1), elle nous semble beaucoup plus arbitraire que juridique. Nous pensons qu'il n'y a pas lieu d'appliquer ici la loi de 1837. Les administrateurs d'une commune, dont l'intérêt n'est pas assez directement mis en jeu, sont trop souvent disposés à plaider ; il ne faut pas leur assimiler la femme qui expose ses intérêts individuels tandis que l'administration d'une commune compromet ceux de tous ses gouvernés. Si l'on considère que le mari en ne mettant aucune réserve expresse à son autorisation doit avoir permis à la femme de faire valoir ses droits le plus avantageu sement possible, on sera porté à décider, sans aucune distinction, que tous les moyens ordinaires et réguliers de recours réservés par la loi aux plaideurs doivent lui être librement laissés. Le mari, du reste, peut, s'il le juge convenable, révoquer son autorisation, ce droit nous semble suffisamment garantir sa puissance maritale.

Cette décision est plus douteuse, si on veut l'appliquer au pourvoi en cassation, cependant nous pensons encore qu'il faut l'adopter.

Pour ce qui concerne la tierce opposition, la requête civile, la prise à partie, ce sont là bien positivement des instances nouvelles et extraordinaires qui demandent une autorisation nouvelle.

Ce principe qu'une femme mariée ne peut ester en

---

(1) Cassation, 5 août 1840, 24 février 1841, 25 janvier 1843.

justice sans son mari, reçoit son application même à
l'égard des instances commencées avant le mariage. Deux
exceptions sont seules admises, dans le cas où l'affaire
était en état lors du mariage, ou même si elle n'était pas
en état dans le cas où le mariage n'a pas été notifié à la
partie adverse. (Art. 344, C. proc.)

Quel que soit le rôle de la femme dans l'instance, elle
doit être autorisée soit pour demander, soit pour défendre. Il faut que le mari ou la justice examine si, deman-
deresse, elle ne ferait pas mieux de s'abstenir, et si, défenderesse, il ne lui serait pas plus utile d'acquiescer.
Le demandeur qui assigne la femme doit donc en même
temps assigner le mari; si le mari refuse de laisser mettre sa femme en cause, et que la justice refuse également
de donner son autorisation, le demandeur obtien-
dra un jugement par défaut.

L'autorisation du mari n'est pas nécessaire lorsque la
femme est défenderesse en matière criminelle, correctionnelle ou de police. (Art. 216, C. Nap.) Voici, d'après
Portalis, quel serait le motif de cette dispense (1) : « Alors
« l'autorité du mari disparaît devant celle de la loi, et la
« nécessité de la défense naturelle dispense la femme de
« toute formalité. » Mais la défense n'est-elle pas aussi
de droit naturel en matière civile? Sans doute il eût paru
trop rigoureux d'exposer la femme à une condamnation
par défaut, et de la priver de défendre son honneur et sa
liberté; mais cet art. 216 s'explique surtout par les con-
sidérations suivantes : dans les affaires civiles, le juge-

---

(1) Locré, *Législation civile*, t. IV, p. 588.

ment par défaut peut être utile à la femme et lui épargner des frais considérables ; en matière criminelle, au contraire, la femme a toujours intérêt à se défendre, ne fût-ce que pour faire diminuer la peine qu'elle doit encourir.

Cette exception est-elle applicable, quelle que soit la personne qui intente l'action, que ce soit le ministère public ou la partie civile?

Tous les auteurs sont d'accord pour décider que l'autorisation du mari n'est pas nécessaire lorsque le ministère public agit seul, ou que la partie civile agit en même temps que la partie publique. Dans ce dernier cas, il est évident qu'on ne saurait exiger que la partie civile obtienne d'avance l'autorisation du mari ; en effet, s'il fallait assigner préalablement le mari en validité de la demande, on entraverait le droit qui appartient à la partie civile de former sa demande à l'audience même où s'agite l'action publique, et jusqu'au dernier moment.

D'un autre côté, on reconnaît également que l'autorisation du mari serait requise si la partie civile intentait séparément une action en dommages et intérêts devant un tribunal ordinaire. Mais il y a controverse lorsqu'il s'agit de savoir si l'autorisation du mari doit intervenir au cas où la partie civile porterait sa demande devant un tribunal de justice répressive. Nous partageons l'opinion de ceux qui pensent que l'autorisation du mari ne sera pas nécessaire ; les termes de l'art. 216, C. Nap., ne nous semblent pas distinguer qui poursuit, mais seulement si l'on poursuit devant la juridiction répressive. De plus, les mêmes motifs qui ont fait exempter la femme de l'autorisation de son mari lorsque l'action publique est mise en mouvement contre elle, subsistent également au cas où la partie civile la traduit devant un tribunal correctionnel. En effet le tribunal, avant d'accorder les dommages-intérêts réclamés par la partie civile, doit constater le délit; aussitôt le ministère public peut requérir et conclure à l'application de la peine; or, dès que la femme est exposée à subir une peine, son droit de défense ne peut être subordonné à une autorisation.

## CHAPITRE IV.

### DE L'INCAPACITÉ DE LA FEMME, PAR RAPPORT AUX ACTES EXTRA-JUDICIAIRES.

L'art. 1124 du Code Napoléon ne proclame l'incapacité civile de la femme que dans les cas exprimés par la loi, et ne semble par conséquent l'admettre qu'à titre d'exception.

L'art. 217, au contraire, parait édicter une incapacité absolue et indépendante du régime matrimonial adopté par les époux; cet article va trop loin. Sous le régime de la communauté ou sous celui de l'exclusion de la communauté, ou sous le régime dotal en ce qui concerne les biens constitués en dot, toutes les fois enfin que le mari a l'administration des biens personnels de la femme, l'art. 217 s'appliquera dans toute son étendue. Mais lorsque la femme elle-même a l'administration de ses biens personnels, soit dans le cas de séparation de biens, soit sous le régime dotal quant à ses biens paraphernaux, soit même sous tout autre régime quant aux biens dont elle se serait réservé l'administration et la jouissance (art. 1534), son incapacité n'est plus que relative, et l'article 1449 lui donne le droit de faire sans autorisation tous les actes qui concernent l'administration.

Pour mieux nous guider dans cette difficile matière, nous emprunterons la division suivante à M. Demolombe, qui distingue deux sortes de contrats : 1° ceux pour lesquels la femme même séparée aura toujours besoin d'autorisation ; 2° ceux pour lesquels elle en sera dispensée.

Dans la première classe il faut ranger : 1° toute aliénation gratuite ou onéreuse de ses immeubles (art. 217, 1449, 1538) ; 2° toute aliénation à titre gratuit, même de ses meubles, comme aussi toute acquisition au même titre. Cependant on a soutenu que la femme pouvait disposer de son mobilier à titre gratuit ; la généralité des termes de l'art. 1449 a été invoquée à l'appui de cette opinion. Ce système a été repoussé par les raisonnements suivants : 1° L'art. 217, qui pose la règle générale, défend séparément à la femme de *donner* et d'*aliéner*. Évidemment ces deux mots n'ont pas le même sens ; aliéner est pris dans une acception restreinte, inexacte, mais usuelle, et comme synonyme de vendre ; or l'article 1449, qui déroge à l'art. 217, ne permet à la femme que d'aliéner son mobilier ; il laisse donc subsister la défense de donner ; 2° l'art. 905, spécial à la matière des donations, est parfaitement clair et formel, il ne distingue pas entre les différentes espèces de biens, car le mari a toujours le même intérêt moral à connaître le motif des donations qu'il plaît à sa femme de faire ; 3° enfin il est généralement reconnu que l'art. 1449 n'ac-

corde à la femme le droit de disposer de son mobilier
que par suite du droit qu'il lui reconnaît d'administrer
sa fortune; la donation mobilière n'a pas les caractères
d'un acte d'administration, elle doit donc être interdite
à la femme séparée.

Elle pourra au contraire faire seule tous les actes
d'administration, consentir toutes les obligations relatives à l'entretien et à la réparation de ses biens, consentir des baux, poursuivre le recouvrement de ses capitaux,
recevoir le remboursement de ses rentes et en donner
décharge, faire le placement de ses fonds, enfin aliéner
son mobilier, quel qu'il soit, corporel ou incorporel, par
conséquent céder et transporter ses créances. L'article 1449, en permettant expressément à la femme séparée d'aliéner son mobilier, semble lui donner un droit
distinct de celui d'administrer, cependant on s'accorde
à reconnaître qu'il ne faut voir dans le second paragraphe
de cet article que la suite et le développement du premier, et que la femme ne peut aliéner son mobilier qu'autant qu'il s'agira d'actes d'administration.

Si la femme s'est obligée, pour l'administration de
son patrimoine, nous pensons que l'effet de cette
obligation pourra être poursuivie sur tous ses biens meubles et et immeubles (art. 2092), s'il n'en était pas ainsi
la femme n'aurait pas la libre administration de ses biens,
puisque toutes les obligations qu'elle contracterait n'auraient pas la même portée que toutes les autres obligations. Mais, dit-on, la femme ne peut pas aliéner indirec-
tement ses immeubles. Cette objection nous semble juste,
mais M. Duranton s'en est ainsi débarrassé : « la femme

« sera tenue, au moins après le mariage, même pour ses
« immeubles, puisqu'ils ne sont plus protégés même
« par aucune loi. Ce ne sont point les immeubles que la
« femme a aliénés pendant le mariage, elle a souscrit
« une obligation que l'on prétend valable, donc cette
« obligation doit s'exécuter sur tous les biens aliénables,
« et les immeubles sont aliénables après la dissolution
« du mariage (1). »

La femme s'est obligée pour une cause étrangère à l'administration de ses biens, cette obligation sera-t-elle exécutoire sur ses revenus et sur son mobilier?

Voici les principaux arguments qui ont été proposés pour l'affirmative:

L'art. 1123 dit que toute personne peut contracter, si elle n'en est pas déclarée incapable par la loi, or l'article 217 ne prononce point contre la femme l'incapacité de contracter des obligations personnelles, il l'a déclaré seulement incapable d'aliéner. Si on objecte que la défense d'aliéner entraîne celle de s'obliger, on répond que l'art. 1449 donne à la femme séparée le droit d'aliéner son mobilier, et que par conséquent il doit lui être permis de contracter des obligations sur ce même mobilier.

Contre ce système nous remarquerons d'abord, que si l'incapacité de s'obliger n'est pas expressément écrite dans l'art. 217, elle au moins supposée par les articles suivants: 220, 221, 222, 244. D'ailleurs, à ne considérer que l'art. 217, il en résulte même que la femme ne peut

---

s'obliger. M. Valette expose ainsi cet argument : « On ne
« peut s'obliger que de deux manières, c'est-à-dire gra-
« tuitement ou à titre onéreux. Or la femme mariée
« ne peut s'obliger gratuitement, car l'art. 217 ne lui
« permet pas de donner. Elle ne peut non plus s'obliger
« moyennant un équivalent, car le même art. 217 lui
« interdit d'acquérir à titre onéreux (1). »

De ce que la femme ne peut contracter en dehors de
son administration, il n'en résulte pas qu'elle ne puisse
accepter un mandat sans autorisation, pourvu toutefois
qu'il n'en résulte pas pour elle aucun engagement personnel. Le mandataire, dans notre droit, représente complétement le mandant, la femme pourra donc plaider,
aliéner, contracter, pour autrui, car en réalité c'est le
mandant qui plaide, aliène, contracte, par son intermédiaire. C'est par application de ces principes que la
liberté même de contracter est réservée en droit commun à toute femme mariée, quand il s'agit d'actes d'administration purement domestique, par lesquels elle
pourvoit à son entretien, et aux dépenses journalières
de la vie commune. La règle de l'incapacité devait céder
au besoin de lui laisser une libre part de gestion sans
laquelle, il lui est impossible d'exercer ce gouvernement
qui semble lui être naturellement dévolu.

La femme est alors réputée mandataire tacite de son
mari, mais ses engagements ne peuvent être valables que
s'ils n'excèdent pas la limite du mandat, autrement ils
peuvent être réductibles au préjudice des tiers, et en-

---

(1) M. Valette sur Proudhon, t. I, p. 464.

trainer une révocation du mandat. L'étendue de ce mandat sera présumée plus ou moins grande suivant la fortune et les habitudes des époux, c'est là une question de fait dont les tribunaux seront juges.

Nous avons vu qu'aux termes de l'art. 217 Code Napoléon il est défendu à la femme d'acquérir soit à titre onéreux, soit à titre gratuit, sans l'autorisation de son mari. L'incapacité d'acquérir à titre gratuit n'admet aucune restriction (art. 905); l'incapacité d'acquérir à titre onéreux paraissait plutôt, malgré le silence de la loi, être susceptible de quelque tempérament par rapport à la femme séparée de biens. Ainsi, par exemple, si nous supposons une femme séparée de biens, qui par la bonne gestion de son patrimoine peut disposer, sur ses économies, d'une certaine somme, ne lui serait-il pas permis de faire une acquisition au comptant, et pourvu qu'il n'en résulte contre elle aucun engagement pour l'avenir. Comment cela lui serait-il permis, disent plusieurs auteurs, puisque l'art. 217 défend aux femmes d'acquérir à titre onéreux sans l'autorisation de leur mari, et que l'art. 1449, qui permet aux femmes mariées d'aliéner leur mobilier, n'a rien changé à la prohibition de l'art. 217? Ainsi, d'après cette opinion, la femme séparée de biens, qui peut dissiper son mobilier, ne saurait faire un utile placement, en acquérant soit un immeuble, soit un objet mobilier? Cela nous paraît peu probable. Le législateur qui a donné à la femme séparée de biens la faculté de rendre sa condition pire, n'a pu vouloir lui refuser le droit de la rendre meilleure, autrement il ne l'aurait fait jouir que d'une liberté dérisoire. Il est vrai que l'art. 217 défend à la femme d'acquérir à titre onéreux sans l'autorisation de son mari, mais l'art 1449 donne à la femme séparée de biens, le pouvoir d'administrer librement sa fortune, et par conséquent lui permet de faire des acquisitions avec son revenu, car c'est là, s'il en fut jamais, un acte de bonne administration. Mais si la femme séparée voulait acheter sans avoir des fonds disponibles, de telle sorte qu'elle vint à contracter une obligation personnelle, l'art. 217 serait applicable et l'autorisation du mari deviendrait nécessaire (1). Dans les cas où la femme a sur ses biens le pouvoir d'administration, ce pouvoir est-il affranchi de tout contrôle; le mari ne conserve-t-il pas toujours un droit de surveillance? Cette question est des plus controversées, et s'il ne fallait prendre en considération que les raisons d'utilité, nous serions tenté de décider que le mari peut toujours intervenir dans l'administration de sa femme; il nous semble bien dur que le mari qui voit sa femme courir à sa ruine ne puisse signaler le danger au tribunal, et préserver ses enfants de la mauvaise administration de leur mère. Cependant en présence des textes du Code, il est difficile d'admettre cette opinion. La femme a *l'entière administration*, dit l'art. 1449, la femme conserve *l'entière* administration de ses biens meubles et immeubles, et la jouissance libre de ses revenus, répète l'art. 1536. Ces termes sont formels, et la Cour d'Angers, qui la première n'en a pas tenu compte (2) n'a-t-elle pas substitué sa jurispru-

---

(1) M. Demolombe, *Cours de Code civil*, t. IV, p. 173.
(2) Arrêt du 6 mai 1828.

dence aux prescriptions de la loi, en soumettant au contrôle du mari des pouvoirs ainsi conférés à la femme? D'ailleurs il serait bien difficile de préciser la limite où pourrait commencer ce prétendu droit de contrôle; utile à la famille dans certains cas, ce droit serait bien souvent aussi un prétexte à de nombreuses querelles, il vaut donc mieux s'en référer aux textes, et laisser à la femme une entière liberté.

Chaque fois que la loi confie à la femme certaines attributions, il est évident que par cela seul elle l'autorise à les remplir; ainsi, sous quel régime qu'elle soit mariée, la femme pourra s'obliger sans autorisation par la gestion d'une tutelle dans les cas où cette charge peut lui échoir.

La femme est toujours obligée par un délit et quasi-délits, on ne voit pas du reste comment, en pareil cas, l'autorisation du mari pourrait intervenir. Nous pensons aussi que la femme est obligée par ses quasi contrats, ainsi elle serait responsable si elle avait géré sans mandat les affaires d'autrui, il n'y a rien à reprocher au tiers qui n'a pu empêcher cet acte de gestion.

La femme n'a besoin d'aucune espèce d'autorisation pour faire son testament; le testament est un acte qui ne peut avoir d'effet qu'à la mort de la femme, il n'y avait donc pas lieu de s'inquiéter de la puissance maritale qui n'existe plus à la dissolution du mariage. Mais il ne serait pas permis à la femme de faire une institution contractuelle, car bien que l'exécution en soit différée jusqu'à la mort de la femme, il y a une obligation actuelle qui se trouve irrévocablement formée, l'autorisation du mari serait donc nécessaire.

# CHAPITRE V.

### DE L'AUTORISATION DU MARI.

L'autorisation est pour le mari un moyen d'exercer sur sa femme une protection éclairée; il accorde ou refuse son assentiment conciencieux et réfléchi, suivant l'opportunité des actes que la femme se propose de faire. Le principe fondamental est que l'autorisation pour être utile doit être spéciale. Elle ne peut être générale que dans un très-petit nombre de cas et par exception. C'est en examinant chaque affaire à mesure qu'elle se présente, que le mari peut sérieusement se prononcer sur l'opportunité d'un acte; donner à la femme une autorisation générale, ce serait pour le mari presque abdiquer la puissance maritale à laquelle l'art. 1388, C. Nap., lui défend si formellement de renoncer.

On distinguait autrefois entre l'autorisation intervenant dans les actes extra-judiciaires, et celle dont la femme avait besoin pour ester en justice. Dans ces deux cas la forme que devait revêtir cette autorisation était bien loin d'être la même. Si la femme faisait un acte extra-judiciaire, pour que le mari fût censé avoir autorisé sa femme il ne suffisait pas, comme le fait remarquer Pothier (1), « qu'il eût déclaré par le contrat qu'il y don-

---

(1) Pothier, *Traité de la puissance maritale*, n° 68.



8

« naît son consentement et qu'il l'approuvait, car l'au-
« torisation est quelque chose de plus que le consen-
« tement, c'est un acte par lequel il habilite sa femme
« à faire le contrat. Il est donc absolument nécessaire
« qu'il déclare, qu'il *autorise* sa femme, ce terme est
« comme sacramentel et je ne vois que celui d'habiliter
« qui puisse paraître équipollent. »

Au contraire, lorsque la femme voulait procéder en justice, peu importait la manière dont le mari avait donné son consentement. Ainsi lorsque la femme avait une demande à intenter, il suffisait que l'exploit d'assignation fût signifié à la requête du mari et de la femme; pareillement la femme était suffisamment autorisée à se défendre, si le mari défendait conjointement avec elle.

Le Code Napoléon n'a point admis cette distinction, et l'autorisation du mari n'a plus rien de sacramentel. L'art. 217 permet au mari deux modes d'autorisation, son consentement par écrit ou son concours dans l'acte; c'est ce que les commentateurs ont appelé l'autorisation expresse et l'autorisation tacite. L'autorisation expresse résulte du consentement du mari par écrit, mais ce consentement n'a pas besoin d'être donné dans la forme authentique, et il paraît même pouvoir être verbal. En effet, beaucoup d'auteurs sont d'avis que l'autorisation n'ayant plus dans notre droit rien de solennel, la loi ne doit pas prescrire impérativement une forme dont les parties ne puissent s'écarter.

Si l'art. 217 ne fait mention que du consentement par écrit, on dit généralement que c'est pour mettre un cas d'autorisation expresse en regard d'un cas d'autorisation tacite. Cette opinion est fort raisonnable, mais elle ne tient pas compte du texte qui exige positivement le consentement par écrit; quoi qu'il en soit, tout le monde est d'accord pour décider que si l'autorisation a été verbale, la preuve testimoniale ne saurait être admise. D'après ce même art. 217, l'autorisation tacite provient du concours du mari dans l'acte; mais est-ce à dire cependant que l'autorisation tacite ne pourrait résulter d'autres faits que du concours du mari dans l'acte. Nombre d'auteurs très - recommandables soutiennent la négative : si l'art. 217, disent-ils, ne parle que du concours du mari dans l'acte, c'est que cette circonstance est la seule qui soit par elle-même nécessairement décisive, aussi reconnaissent-ils que l'autorisation peut être prouvée par tous les faits propres à établir l'autorisation du mari. Cependant, tout en pensant comme eux que l'approbation du mari n'a plus rien de sacramentel, ne peut-on pas admettre que le Code ait voulu du moins la soumettre à un mode de preuve certain et précis ?

Cette opinion nous semble beaucoup plus conforme au texte de l'art. 217, elle trouve d'ailleurs une force nouvelle dans l'art. 4 du Code de commerce, car si cet article ne précise aucun mode dont doive résulter pour la femme marchande publique, la preuve que son mari a consenti à son commerce, il ne faut voir là qu'une exception qui ne fait que confirmer la règle.

Pour que le concours du mari dans l'acte soit évident, il faut qu'il ressorte de l'acte lui-même que le mari a connu l'engagement pris par sa femme, et y a donné son consentement. Supposons qu'au bas de la reconnaissance d'une dette faite par le mari, la femme ajoute un cautionnement, rien ne prouve dans ce cas que le mari ait eu connaissance de l'engagement pris par sa femme; si au contraire le mari et la femme font ensemble un achat, une vente, un emprunt solidaire, tous ces actes contiennent implicitement le consentement du mari.

Le Code exige toujours la spécialité de l'autorisation sans distinguer entre les autorisations accordées par le contrat de mariage et celles accordées depuis.

Il faut prendre garde de ne pas confondre l'autorisation avec le mandat. Lorsqu'un mari a permis à sa femme d'aliéner, d'hypothéquer les biens de la communauté, c'est là un véritable mandat parfaitement valable. En effet, l'autorisation maritale ne peut intervenir que lorsque la femme veut se livrer à quelques actes sur ses biens personnels ; or tant que dure la communauté la femme n'a aucun droit sur les biens qui la composent, elle ne peut donc agir que comme mandataire de son mari. Mais lorsqu'il s'agira d'aliénation ou d'engagement, ou de tout autre acte enfin qu'un acte d'administration, relatif aux biens personnels de la femme, c'est alors vraiment qu'il faudra l'autorisation, et que l'autorisation devra être spéciale. On doit entendre la spécialité de l'autorisation dans le sens le plus restreint, il ne suffit pas que le mari autorise sa femme pour un certain genre d'opération, il ne suffit pas qu'il l'autorise vaguement à emprunter, et même à aliéner tel immeuble ; pour être spéciale l'autorisation du mari doit contenir l'assentiment de toutes les clauses et conditions insérées dans l'acte. Telle était du reste l'opinion unanime des anciens auteurs ; « J'estime, dit Lebrun (1), que

---

(1) *Traité de la communauté*, liv. II, chap. I. sect. IV, n° 8.

« les autorisations doivent être spéciales en chaque
« affaire et en chaque contrat. »

« L'autorisation, suivant Pothier (1), doit être expresse
« et spéciale pour le contrat qui se passe. » Enfin
d'Aguesseau n'est pas moins explicite, il exige une
autorisation expresse et spéciale, *et ad rem quæ geritur
accommodata.*

Cependant l'art. 220 contient une exception au principe de l'art. 223, qui défend au mari de donner à sa
femme une autorisation générale de s'obliger.

En effet la femme marchande publique contracte valablement seule pour tout ce qui concerne son négoce et
oblige même valablement son mari si elle est mariée
sous le régime de communauté. Que devrait-on décider
si l'opération faite par la femme n'avait pas un caractère
commercial bien déterminé? Un premier système consiste à dire que l'incapacité de la femme commerçante
n'est pas abrogée de plein droit, et que ce sera à la personne intéressée à la valadité de l'acte qu'il appartiendra de prouver le caractère commercial. M. Bravard,
qui soutenait ce système, ne voyait dans l'art. 638 du
Code de Commerce que le règlement d'une question de
compétence, et non une présomption de validité.

Il nous semble préférable d'adopter une seconde opinion, qui enseigne que tous les actes faits par une
femme marchande publique devront être présumés avoir
eu pour cause les besoins de son commerce si rien n'a
pu faire croire aux tiers qu'il en était autrement. La

______________

(1) *De la puissance du mari,* n° 67.

capacité exceptionnelle de la femme marchande publique a été créée pour faciliter la rapidité des affaires commerciales. Il faut donc que la femme suivant ses besoins puisse rapidement trouver les fonds qui lui sont nécessaires. Où trouverait-elle un acheteur, un prêteur si sa capacité de s'engager n'était pas d'avance bien établie ; si cet acheteur, ce prêteur pouvait craindre une action en nullité de la part du mari ou de la femme ? Il importe de ne pas confondre la condition de la femme marchande publique avec la condition de la femme qui ne fait que détailler les marchandises du commerce de son mari.

La femme d'un marchand, ne peut de même que toute autre femme, faire valablement en son propre nom aucun acte ni aucun contrat sans l'autorisation spéciale de son mari. « Elle est en cela semblable à un facteur ou « à une fille de boutique, lesquels lorsqu'ils contractent « pour leur maître, ne sont pas censé contracter en « leur nom, et ne s'obligent pas, mais obligent leur « maître, qui est censé faire lui-même par leur minis- « tère les contrats qu'ils font pour lui. » (1).

L'art. 235 de la coutume de Paris exigeait pour que la femme fût réputée marchande publique, qu'elle fit un commerce séparé et *autre que celui de son mari*. Les art. 220, Code Napoléon, et 5, Code de commerce, n'ont pas reproduit ces dernières expressions, ils se bornent à dire que le commerce de la femme doit être séparé de celui de son mari. S'il est reconnu que chacun des époux

---

(1) Pothier, *Traité de la puissance du mari*, n° 20.

a des intérêts distincts et séparés, l'identité de leur commerce ne fera pas obstacle à ce que la femme soit réputée marchande publique.

L'autorisation du mari peut intervenir soit avant l'acte, soit dans l'acte même pour lequel la femme en a besoin, mais peut-elle être donnée après ?

En d'autres termes, si le concours du mari, qui seul avait manqué pour la validité de l'acte, venait ensuite à se manifester, son effet ne serait-il pas de valider l'obligation de la femme ?

Cette question est des plus difficiles, et a donné lieu à une controverse très-vive entre les plus savants auteurs. Nous exposerons cette controverse lorsqu'il faudra nous occuper des conséquences du défaut d'autorisation.

## CHAPITRE VI.

### DE L'AUTORISATION DE JUSTICE.

La loi devait réserver à la femme un moyen d'arrêter les effets de la volonté de son mari, lorsque cette volonté pouvait compromettre son patrimoine. « Il n'y a aucun « pouvoir particulier, disait Portalis (1), qui ne soit sou- « mis à la puissance publique, et le magistrat peut « intervenir pour réprimer les refus injustes du mari, et « pour rétablir toutes choses en leur état légitime. »

_________

(1) Exposé des motifs du titre du Mariage.

Il devait en être encore de même, lorsque par suite de circonstances telles que maladie, folie, absence, le mari se trouvait dans l'impossibilité d'assister sa femme, ou lorsque par suite de condamnations pénales la loi l'en déclarait indigne. Mais ne perdons pas de vue que l'autorisation du mari est la règle, et celle de la justice l'exception, d'où il faut conclure que la femme ne pourra recourir à l'autorisation de justice que dans les cas spécialement déterminés par la loi elle-même.

Dans quels cas le refus du mari sera-t-il annulé par la justice, dans quels cas sera-t-il sanctionné? C'est là une question de fait abandonnée complétement à l'appréciation des tribunaux.

Examinons maintenant les différentes hypothèses dans lequelles il y aura pour le mari impossibilité de donner son consentement :

1° L'art. 222, Code Nap., prévoit le cas où le mari serait absent, et déclare que son autorisation sera suppléée par celle de la justice. Il faut, croyons-nous, appliquer cet article, soit qu'il y ait absence proprement dite, soit qu'il y ait absence présumée; mais faut-il aller plus loin et décider que l'autorisation de justice peut être donnée même au cas de simple éloignement du mari? Plusieurs auteurs sont d'avis que dans le cas de simple non présence, la femme devra attendre le retour du mari ou lui demander son autorisation par lettre. Ce système nous semble bien rigoureux, pourquoi lorsque le mari est éloigné de son domicile, la justice ne pourrait-elle autoriser la femme à faire un acte dont l'urgence et l'utilité sont incontestables? Il n'y a guère d'abus à redouter puisque ce n'est qu'on parfaite connaissance de cause que le tribunal accordera cette autorisation ;

2° L'autorisation de justice tient également lieu de l'autorisation du mari, pendant la durée de la peine afflictive ou infamante dont le mari a été frappé, même par coutumace. Les termes de l'art. 221, Code Nap., qui contient cette décision, ont fait naître deux difficultés. La dégradation civique, qui est une peine infamante perpétuelle, fait-elle perdre au mari son droit d'autorisatration ?

Nous avons à choisir entre trois systèmes, et à dire : 1° ou que la dégradation civique, peine infamante (art. 8, Code pénal) est, bien que perpétuelle, comprise dans les termes de l'art. 221 ; ou, 2° qu'il ne peut en être question dans cet article, attendu son caractère de perpétuité, manifestement contraire, à ces mots : *pendant la durée de la peine ;* ou enfin 3° qu'il faut changer la particule *ou* en la particule *et,* pour ne faire résulter l'incapacité du mari que des peines afflictives et infamantes.

Nous n'hésiterons pas à écarter le premier et le troisième système qui nous semblent par trop arbitraires, il nous parait certain, que ces mots de l'art. 221, *pendant la durée de la peine*, ne peuvent s'appliquer à la dégradation civique, qui est une peine perpétuelle. Ce système acquiert encore une force nouvelle, si l'on se souvient que l'art. 34 du Code pénal, qui énumère les incapacités qui résultent de la dégradation civique, ne prononce pas contre le mari la déchéance du droit d'autorisation.

La seconde difficulté à laquelle donne lieu l'art. 221 vient encore de ces expressions : *pendant la durée de la peine*, combinées avec ces autres termes, *encore qu'elle n'ait été prononcée que par contumace*. En effet, le condamné par contumax ne subit pas de peine, et ne peut même pas en subir, puisque sa représentation devant la justice anéantit le premier arrêt de condamnation.

On concilie entre elles ces diverses parties de l'article, en considérant comme durée de la peine, la durée de la contumace elle-même, c'est-à-dire tout le temps qui s'écoule, jusqu'à ce que le condamné ait prescrit sa peine (1).

3° Le mari mineur n'a pas le pouvoir d'autoriser sa femme. (Art. 227, Code Nap.) Son autorisation était suffisante dans notre ancien droit, mais on laissait au mari la possibilité d'obtenir des lettres de rescision si cette autorisation lui avait causé un préjudice. Les rédacteurs du Code se sont écartés de ce système, cette innovation est une preuve que l'autorisation n'a plus pour but exclusif de fortifier la puissance maritale, mais qu'elle est aussi pour la femme une garantie de protection.

« La loi n'a pas voulu, disait M. Portalis, au Corps « Législatif, qu'un incapable fût chargé d'autoriser un « autre incapable. »

Dans ces paroles mêmes se trouve la limite de l'autorisation maritale, car nous pouvons en tirer cette conséquence, que le mari pourra toujours autoriser sa femme dans la proportion de sa capacité personnelle.

Nous pensons donc que le mari mineur qui peut in-

---

(1) M. Valette, *Notes sur Proudhon*, tome 1, p. 470; M. Demolombe, tome 11, p. 268.

tenter une action mobilière pourra autoriser sa femme à intenter une semblable action ;

4° Lorsque l'interdiction du mari a été prononcée, la femme doit avoir recours à l'autorisation de justice. (Art. 222, Code Nap.) Depuis la loi du 30 juin 1838, il semble qu'il faut étendre cette disposition au cas où l'aliéné non interdit est placé dans une maison d'aliénés ; mais que devrons-nous décider si le mari est seulement pourvu d'un conseil judiciaire? M. Duranton est d'avis que le mari est capable d'autoriser lui-même sa femme; en effet, dit-il, l'art. 222 ne s'occupe que de l'interdit et nullement de l'individu qui est pourvu d'un conseil judiciaire ; de plus on ne voit pas que le droit d'autoriser sa femme lui soit enlevé par les art. 499 et 512 qui déterminent l'espèce d'incapacité dont il est frappé. Quelle que soit l'autorité de ce système, et bien que les textes pris à la lettre paraissent lui donner raison, il nous semble bien difficile qu'un homme jugé incapable de gérer sa propre fortune, conserve le droit d'autoriser sa femme à faire des actes qui peuvent porter la plus grave atteinte à ses intérêts. Nous croyons que le mari qui aura un conseil judiciaire conservera le droit d'autoriser sa femme à faire des actes qu'il pourrait faire lui-même sur ses biens, s'il en est parmi ceux-là pour lesquels la femme ait besoin d'autorisation. Quant à ceux qu'il ne pourrait faire lui-même sans l'assistance de son conseil, la justice les autorisera.

Mais la nécessité d'être autorisée n'est pas imposée à la femme tutrice de son mari interdit, pour les actes qui concernent cette tutelle ; sa condition est alors celle d'un tuteur ordinaire. Quant aux actes relatifs à son patrimoine, elle aura besoin de l'autorisation du tribunal.

Dans les cas où c'est la femme qui est mineure, elle a pour curateur son mari. Il en était ainsi dans l'ancienne législation, et le silence du Code à cet égard ne peut autoriser à soutenir le contraire. Mais les règles ordinaires de la minorité ne cessent pas d'être applicables; ainsi, par exemple, la femme veut-elle aliéner un de ses immeubles, l'autorisation du mari doit être complétée par l'autorisation du conseil de famille et l'homologation du tribunal. Si le mari refuse d'être le curateur de sa femme, il sera nommé à la femme un curateur *ad hoc* pour chaque affaire spéciale. Tel est du moins l'argument que l'on peut tirer de l'art. 2208.

Si la femme est interdite, son mari devient son tuteur de plein droit : mais il peut se faire que le mari soit excusé, ou exclus, ou destitué de la tutelle, et qu'il y ait un autre tuteur de nommé. Ce tuteur sera-t-il obligé d'obtenir l'autorisation du mari pour les actes que la femme, si elle n'était pas interdite, n'aurait pu faire sans l'autorisation de son mari? Il nous semble, que malgré le silence de la loi, la Cour d'Amiens, a trouvé les véritables principes qui doivent régir cette hypothèse :

« Considérant, dit-elle, que l'autorisation du mari
« exigée par les art. 215 et 217 ne s'applique qu'au cas
« où la femme jouit de la plénitude de sa raison et agit
« elle-même.

« Mais qu'il n'en est pas ainsi, quand la femme est
« interdite, puisque, aux termes de l'art. 509, elle est
« purement et simplement assimilée à un mineur…;

« que dès lors toute l'autorité du mari, relativement.
« aux biens de la femme, a été transportée au tuteur.

« Qu'il serait contraire à toute raison de créer, par
« rapport à ces biens, deux autorités rivales et souvent
« inconciliables, celle du tuteur et celle du mari. »
(29 décembre 1825, Sirey, 1826, ii, 197.)

Cette jurisprudence nous semble parfaite, et nous
croyons aussi que le tuteur de la femme interdite doit
se passer de l'autorisation du mari.

Plusieurs jurisconsultes ont soutenu que la femme ne
pouvait pas avec le seul consentement du mari contracter
avec lui, ou s'obliger avec un tiers dans l'intérêt de son
mari. La maxime *nemo potest auctor esse in rem suam*,
semble en effet exclure l'autorisation du mari en pareil
cas, surtout si l'on ne veut pas oublier que l'autorisation maritale doit protéger la femme contre son inexpérience, dont le mari sera singulièrement tenté d'abuser
si ses intérêts pécuniaires se trouvent en conflit avec son
devoir de protection; de plus, suivant ces auteurs, l'article 1427, Code Nap., suppose d'une manière générale que
c'est l'autorisation de justice qu'il faut obtenir.

Cette argumentation est-elle bien convaincante ?
d'abord n'est-ce pas faire une pétition de principes que
d'invoquer la maxime *nemo potest auctor esse in rem
suam*, car il s'agit précisément de savoir si cette maxime
est applicable au cas qui nous occupe. Or, il est généralement admis, conformément à la doctrine de Pothier,
que cette maxime ne s'est jamais appliquée qu'au
tuteur. Quant au danger de voir le mari abuser de l'inexpérience de sa femme, il s'en faut de beaucoup qu'il soit
aussi grand qu'on veut bien le dire. En effet ou l'acte

constitue une libéralité envers le mari, et la femme conserve le droit de la révoquer (art. 1096), ou bien il ne constitue pas une libéralité, et alors on ne comprend pas pourquoi le mari ne pourrait l'autoriser.

Nous pensons donc que, dans tous les cas où les contrats entre époux sont possibles, c'est l'autorisation du mari qui est requise. En effet, l'autorisation du mari étant la règle, l'autorisation de justice doit être édictée par un article spécial ; or, parmi les cas où cette dernière autorisation est permise, il est certain qu'il ne se trouve pas d'hypothèse des contrats entre époux. Enfin on peut tirer un argument de la loi du 17 mars 1807, qui permet à la femme autorisée de son mari de constituer un majorat en faveur de celui-ci. Conformément à ces principes, nous pensons que l'art. 1427, Code Nap., en parlant de l'autorisation de justice pour habiliter la femme à s'obliger et à engager les biens de la communauté dans le but de tirer son mari de prison, ne suppose nullement l'impossibilité légale du mari d'autoriser sa femme ; il suppose le mari détenu dans l'impossibilité physique de donner cette autorisation, ou refusant de créer, pour sortir de prison, de nouvelles dettes à la communauté. Cependant tout en admettant que l'autorisation du mari suffit à la femme d'une manière générale, et pour tous les cas où la loi garde le silence, nous sommes forcé de reconnaître qu'il y a des cas où la loi s'exprime formellement et fait une exception aux règles que nous venons de poser.

Tel est le cas des art. 2144 et 2145 concernant la restriction de l'hypothèque légale générale de la femme. Ici le consentement de la femme et l'autorisation du

mari ne suffisent plus, il faut l'avis des quatre plus proches parents de la femme, réunis en assemblée de famille,
et un jugement rendu sur les conclusions du ministère public.

En général la justice peut accorder son autorisation à
la femme, dans tous les cas où le mari pourrait lui
accorder la sienne.

Cette règle toutefois souffre les exceptions suivantes :

1° Un premier cas se trouve prévu par l'art. 4 du Code
de commerce. Cet article est formel, la femme ne peut
faire le commerce sans l'autorisation de son mari, et le
législateur a pris soin de ne pas ajouter ou celle de la
justice. Cette décision est très-raisonnable ; la justice
peut intervenir et suppléer le refus d'autorisation du
mari, quand il s'agit d'un acte déterminé, dont les conséquences peuvent être saisies immédiatement, et dont
par suite elle peut apprécier l'opportunité. Mais dans le
cas que nous examinons, il n'en est plus de même ; le
mari seul peut savoir si sa femme est digne d'une aussi
grande confiance, et s'il peut ainsi mettre sous sa garde
de si graves intérêts. La qualité de commerçante donne
à la femme la faculté de contracter des engagements fré-
quents et variés, elle peut même aliéner et hypothéquer
ses immeubles (art. 5 et 7, Code de com.), il est donc naturel que la loi n'ait pas voulu que la femme pût acquérir,
sans l'autorisation de son mari, cette périlleuse capacité
de commerçante, qui compromet si gravement son patrimoine, et expose sa personne à la contrainte par corps.
Nous serions très-disposé à croire, vu la gravité de cette
autorisation, et les termes généraux de l'art. 4 du Code
de commerce, que ce principe ne comporte aucune dis-

tinction ; ainsi nous refuserions à la justice le droit d'autoriser la femme à se livrer au commerce, même durant l'absence ou l'interdiction de son mari.

2° La femme qui voudrait aliéner ses immeubles dotaux pour l'établissement des enfants communs, suivant le droit que le Code lui réserve, par exception à la règle d'inaliénabilité, ne peut, à défaut du consentement de son mari, recourir à l'intervention de la justice (article 1556). La loi suppose que le mari doit avoir pour ses enfants la même affection que la mère, par conséquent s'il refuse d'autoriser la vente des immeubles dotaux, elle considère son refus comme juste et raisonnable.

3° Lorsqu'une une femme mariée sous tout autre régime que celui de la séparation de biens, veut accepter une exécution testamentaire, l'autorisation du mari est absolument nécessaire. La loi a voulu que la responsabilité de l'exécuteur testamentaire fût sérieuse ; or, lorsque le mari a la jouissance des biens de sa femme, l'autorisation de la justice ne peut lui enlever cette jouissance, c'est donc avec raison que l'autorisation du mari est exigée.

Examinons maintenant en quelle forme doit être donnée l'autorisation de la justice. D'après l'art. 219 du Code Napoléon, lorsque la femme qui veut contracter aura vainement sollicité l'autorisation de son mari, elle pourra le citer devant le tribunal de première instance du domicile commun, qui donnera ou refusera son autorisation, après que le mari aura été entendu ou dûment appelé dans la chambre du conseil.

Suivant l'art. 861 du Code de procédure, lorsque la

femme veut se faire autoriser à poursuivre ses droits en justice et que le mari refuse, elle ne peut pas directement l'assigner devant le tribunal, mais doit préalablement lui faire sommation d'avoir à donner ou refuser son consentement; s'il persiste dans son refus, elle présentera une requête au président du tribunal, lequel seulement alors, et après ces préliminaires accomplis, rendra une ordonnance portant permission de citer son mari, à jour indiqué, dans la chambre du conseil, à l'effet de connaître les motifs de son refus.

Cette procédure avait été organisée pour le cas où la femme voulait ester en justice, mais l'usage s'est établi dans la pratique de l'appliquer même au cas où la femme veut faire un acte extra-judiciaire ; de telle sorte que l'art. 219, Cod. Nap., se trouve ainsi tacitement abrogé.

Si le mari est absent, interdit ou frappé d'une condamnation à une peine afflictive ou infamante, la femme présente une requête à laquelle est joint l'acte ou le jugement qui prouvera l'absence, l'interdiction ou la condamnation de son mari. Le président en ordonnera la communication au ministère public, et commettra un juge pour faire son rapport à jour indiqué.

Les dispositions de l'art. 861 du Code de procédure ne concernent pas le cas où la femme est défenderesse, et ne peut obtenir l'autorisation de son mari. Dans la pratique, l'autorisation dont elle a besoin n'est guère qu'une simple formalité. Le tiers qui poursuit la femme assigne le mari conjointement avec elle, à l'effet de l'autoriser. Le tribunal se borne à vérifier si une assignation régulière a été faite au mari, afin de constater ainsi son refus; si ce refus est maintenu, l'autorisation du tribunal ne peut manquer d'intervenir pour donner à la femme le pouvoir de se défendre seule.

# CHAPITRE VII.

## DES EFFETS DE L'AUTORISATION.

Nous examinerons les effets de l'autorisation d'abord en ce qui concerne la femme elle-même, et en second lieu en ce qui concerne le mari.

## SECTION I.

### *Des effets de l'autorisation à l'égard de la femme.*

L'autorisation a pour effet de rendre la femme aussi capable qu'elle l'eût été hors mariage, mais elle laisse intacts le droit et les moyens d'attaquer les autres vices dont l'acte pouvait être entaché. « L'autorisation, disait-« on dans notre ancien droit, n'étouffe pas les moyens « de restitution si aucuns sont ouverts à la femme (1). » Ces principes sont encore ceux de la législation actuelle; « L'autorisation maritale ou de justice ne relève la « femme que de son incapacité en tant que femme ma-« riée, mais laisse subsister les autres causes de nullité « qui pourraient se rencontrer (2). »

---

(1) Bourjon, *Droit commun de la France*, 1, 58.
(2) M. Bugnet, *Notes sur Pothier*, De la puissance du mari, p. 29, note 1.

Réciproquement la femme ne pourra attaquer l'acte quelle a été autorisée à faire, sous prétexte que cette autorisation lui a été donnée contrairement à ses intérêts. Le résultat de l'autorisation est de relever la femme de son incapacité, et non point d'obliger personnellement le mari. Il n'y a donc pas lieu d'assimiler le mari au tuteur, que la loi rend responsable des suites de sa mauvaise gestion. Il ne faudrait pas croire cependant que le mari reste complétement étranger aux effets de son autorisation, nous verrons bientôt que lorsque le mari aura un intérêt relatif aux actes passés par sa femme, il sera lui-même plus ou moins obligé par le seul fait de son autorisation : *ubi emolumentum, ibi et onus esse debet.*

Mais quelles sont au juste l'étendue et les conséquences de l'autorisation donnée à la femme, voilà ce qu'il importe de déterminer.

Il faut avant tout, comme nous l'avons déjà vu, que l'autorisation soit spéciale, elle ne peut par conséquent s'appliquer qu'à l'espèce d'acte pour lequel elle a été accordée. Ainsi lorsqu'une femme autorisée à faire un acte à titre onéreux, fait en réalité, sous l'apparence d'un acte à titre onéreux, un acte à titre gratuit, il faudra dire que cet acte est annulable.

Nous rappelons ici deux exceptions que nous avons déjà rencontrées, au principe de la spécialité de l'autorisation : 1° nous savons que la femme, marchande publique, n'a pas besoin d'une autorisation expresse pour chaque acte commercial qu'elle se propose de faire, et nous avons même décidé que lorsque la nature de l'acte serait douteuse, la présomption devait être en faveur du caractère commercial; 2° nous avons également pensé, bien que la question soit des plus controversée, que la femme autorisée simplement à ester en jusice, pourra sans autorisation nouvelle porter son procès en appel ou y défendre.

Mais une femme autorisée à ester en justice pourrait-elle déférer ou accepter le serment décisoire, pourrait-elle transiger ?

Pour transiger il faut avoir la capacité de disposer des objets compris dans la transaction ; la femme qui a obtenu l'autorisation de plaider doit donc encore, si elle veut transiger, obtenir une nouvelle autorisation, car ce n'est plus l'autorisation de l'art. 215 du Code Napoléon, mais celle de l'art. 217 qui est nécessaire.

Elle ne pourra pas davantage déférer le serment à son adversaire, car c'est là proposer une sorte de transaction et dessaisir pour ainsi dire les juges devant lesquels elle a été autorisée à plaider. En effet dès que la femme a déféré le serment, le sort du procès ne dépend plus des juges : *Non ex autoritate judicis sed ex pactione ipsorum litigatorum deciduntur controversiæ* (1).

La femme, par cela seul qu'elle est autorisée à plaider, n'a donc pas le pouvoir de déférer le serment à son adversaire, et l'on s'est appuyé sur cette conséquence pour soutenir que l'adversaire ne pouvait pas même le déférer à la femme, parce que celle-ci ne pouvait pas le référer.

Mais la femme pourrait parfaitement, sans autorisation spéciale, faire un aveu en justice. « Les parties « peuvent, en toutes matières, et en tout état de

---

(1) *L. 1, Dig., De jure jurando.*

« cause, demander de se faire respectivement interroger
« sur faits et articles. » (Art. 324, Code de procédure.)


## SECTION II.

### *Des effets de l'autorisation à l'égard du mari.*

Il faut distinguer à l'égard du mari entre l'autorisation
qu'il accorde lui-même et celle que donne la justice.
Le mari qui autorise ne s'oblige pas, voilà le principe,
mais il subit d'importantes modifications suivant le régime matrimonial adopté par les époux. Sous le régime de
séparation de biens, l'adage *qui auctor est non se obligat*,
reste parfaitement applicable au mari. Son autorisation n'a
contre lui aucune conséquence, parce que ce régime
laisse entièrement distincts les intérêts des époux, et
que le mari ne tire aucun profit des actes pour lesquels
il habilite sa femme. Cependant il y a une exception
admise par la loi dans le cas d'aliénation d'un immeuble de la femme. L'art. 1450 impose au mari l'obligation
de faire le remploi du prix de vente, sinon il est réputé
avoir reçu ce payement. Mais comme la femme a l'administration de ses biens, c'est à elle qu'il appartient de
fixer cet emploi, et le mari n'est pas garant de l'utilité
de placement.

Sous le régime de la communauté, soit légale, soit con-
ventionnelle, le mari peut être tenu des obligations contractées par la femme avec son autorisation, sauf
récompense dans les cas où elle a lieu. Les textes sont
formels ( art. 220, 1409, 1419, 1456). La loi présume

que l'obligation autorisée concerne l'intérêt du mari, cette présomption est une mesure de protection à l'égard de la femme ; sans elle, le mari aurait souvent abusé de son influence pour faire obliger la femme à son profit sans s'obliger lui-même. Le Code prévoit deux cas, où, par exception, l'autorisation du mari ne l'oblige pas, bien qu'elle soit donnée sous le régime de communauté. Si la femme a accepté une succession purement immobilière (art. 1413), les créanciers de la succession peuvent seulement poursuivre leur payement sur les biens personnels de la femme. De même (art. 1432, C. N.), si le mari autorise sa femme à aliéner un de ses propres, il n'est pas garant de cette vente, mais il perdra son droit de jouissance sur l'immeuble vendu, car en donnant sans réserve son consentement il est présumé avoir renoncé à toute jouissance sur le bien aliéné.

Quelques auteurs généralisent ces exceptions et déclarent que le mari ne sera pas obligé, toutes les fois que l'acte par lui-même avertit ostensiblement les tiers que l'autorisation n'a été donnée que dans l'intérêt personnel de la femme. Mais on décide généralement, et avec raison pensons-nous, qu'il faut restreindre cette exception aux cas spécifiés.

Si la contrainte par corps est prononcée contre la femme, faudra-t-il en conclure qu'elle pourra atteindre le mari. Malgré l'opinion des anciens auteurs, il est bien difficile d'admettre qu'il en soit ainsi. Aux termes de l'art. 2063, il faudrait, pour prononcer contre le mari la contrainte par corps, un texte formel qui ne se retrouve ni dans le Code ni dans les lois postérieures.

L'autorisation donnée par la justice ne doit jamais être

opposable au mari, sans qu'il y ait lieu de distinguer tel ou tel régime matrimonial. Elle ne peut jamais lui préjudicier, et porter atteinte même au droit de jouissance qu'il peut avoir sur les biens de sa femme, deux exceptions seulement ont été édictées pour des cas spéciaux par l'art. 1427.

Le mari qui autorise en vertu de sa puissance maritale et de l'intérêt de sa femme, peut par suite des mêmes causes révoquer l'autorisation. On conçoit facilement qu'il soit permis au mari de révoquer l'autorisation qu'il a lui-même donnée; mais cette autorisation peut avoir été contraire à sa volonté; si, sur son refus, la justice a autorisé la femme, il est évident que le mari ne peut révoquer cette autorisation. Il est pourtant des cas où il serait utile que le mari pût faire disparaître cette autorisation, soit que les motifs qui l'ont rendue nécessaire n'existent plus, soit que d'autres surviennent, qui exigent une prompte révocation. Cette révocation pourra avoir lieu, mais elle devra émaner de la justice; le tribunal sera saisi par le mari d'une demande en révocation, comme il l'avait été par la femme d'une demande en autorisation. On procédera également suivant les formes indiquées au Code de procédure, art. 861 et suivants.

La révocation ne s'applique qu'à l'avenir, il faut même que les tiers aient pu la connaître. La loi n'a pas organisé de règle à cet égard, ce sera donc pour les juges une affaire d'appréciation. Cette révocation ne doit pas non plus être préjudiciable à la femme. Il serait injuste que le mari pût ainsi, par une brusque révocation, compromettre des intérêts souvent considérables. La femme aurait le droit de se pourvoir devant la justice comme pour une demande en autorisation.

La révocation pourrait avoir lieu, même au cas où l'autorisation aurait été donnée par le contrat de mariage, malgré l'immutabilité ordinaire de ce contrat. Nous n'entendons parler que d'une autorisation spéciale, toute autre autorisation étant nulle, ou du moins limitée aux effets de l'art. 223 du Code Napoléon.

Le droit de révocation est un de ces attributs de la puissance maritale dont le mari ne doit pas pouvoir disposer par le contrat de mariage. C'est donc avec raison qu'on a soutenu que la femme, fût-elle commerçante avant le mariage, et eût-elle stipulé la faculté de continuer son commerce, le mari n'en pourrait pas moins révoquer l'autorisation, sauf pour la femme le droit incontestable d'en appeler à la justice, dont la volonté sera souveraine.

## CHAPITRE VIII.

### DES EFFETS DU DÉFAUT D'AUTORISATION.

L'ancien droit avait fait de la nullité résultant du défaut d'autorisation une nullité absolue. Toute personne intéressée avait le droit d'attaquer l'acte ou le jugement auquel avait manqué le consentement requis, et toute espèce de ratification était impossible. Ce système avait pour but de faire respecter la puissance du mari, et de sauvegarder la paix intérieure de la famille. La femme était mieux retenue dans son devoir d'obéissance quand elle savait qu'en contractant sans autorisation elle faisait un acte absolument nul, et que celui avec lequel elle avait traité pourrait, quand il le voudrait, se jouer de sa promesse.

Dans le Code, le défaut d'autorisation ne produit plus des conséquences aussi rigoureuses; la nullité a cessé d'être absolue, elle n'est plus que relative et peut disparaître par la ratification. Aux termes de l'art. 225 du Code Napoléon, la nullité résultant du défaut d'autorisation ne peut être opposée que par la femme, le mari et leurs héritiers.

1° Par la femme, parce que les intérêts matrimoniaux que la loi a voulu sauvegarder sont également les siens, et que l'idée de la protéger elle-même n'a certainement pas été étrangère à la pensée du législateur;

2° Par le mari, dans l'intérêt de la puissance maritale, et dans l'intérêt de la société conjugale dont il est le chef.

Mais que faut-il penser de ces mots de l'art. 225, *leurs héritiers*, qui paraissent s'appliquer aussi bien aux héritiers du mari qu'à ceux de la femme? On comprend que l'intérêt pécuniaire, que la femme peut avoir à invoquer la nullité d'un acte, soit transmis, après sa mort, à ceux qui recueillent son patrimoine; mais l'action en nullité accordée aux héritiers du mari, comment peut-on la justifier? Les héritiers du mari ne sont pas les représentants de la puissance maritale, puisqu'elle est personnelle au mari et a cessé d'exister avec lui; ils ne peuvent enfin invoquer aucun intérêt pécuniaire, car les engagements de la femme ne sauraient produire à leur égard aucune conséquence lorsqu'ils n'ont pas été autorisés par le mari. La rédaction de l'art. 225 nous paraît manifestement erronée; et nous croyons que c'est par inadvertance que les héritiers du mari ont été assimilés aux héritiers de la femme. Cependant l'art. 225 est formel, aussi, et quoique ce respect pour la lettre de la loi nous semble avoir été poussé jusqu'aux dernières limites du scrupule, nous répéterons ici, avec la grande majorité des auteurs, que les héritiers du mari peuvent intenter l'action en nullité.

Celui qui s'est porté caution pour la femme ne pourrait invoquer la nullité de l'acte qu'il a cautionné. Si nous allions chercher nos motifs dans l'ancien droit, nous n'arriverions pas à la même solution; de la nullité absolue de l'engagement de la femme résultait évidemment pour la caution le droit d'invoquer cette nullité. Aujourd'hui cette nullité est relative, les mêmes motifs de décider n'existent donc plus; il suffit, du reste, de lire l'art. 2012 du Code Napoléon pour se convaincre que la caution ne pourrait se prévaloir du défaut d'autorisation de la femme. Mais nous pensons que les créanciers de la femme pourraient intenter une action en nullité.

L'art. 1166 du Code Napoléon permet aux créanciers d'exercer tous les droits de leur débiteur, excepté ceux qui sont exclusivement attachés à sa personne; l'action donnée à la femme a pour but de sauvegarder ses intérêts pécuniaires, c'est là un droit parfaitement transmissible, ses créanciers peuvent donc invoquer cette action en nullité. Sans doute l'art. 225 n'accorde pas ce droit aux héritiers de la femme, mais cela était inutile, le droit commun suffisait.

Quant aux créanciers du mari, nous serions disposé à croire qu'ils n'ont aucun droit pour demander l'exercice de cette action, qui est exclusivement personnelle au mari, puisqu'elle a pour objet de sanctionner la puissance maritale. Néanmoins, en présence de l'opinion presque unanime des auteurs, qui accorde ce droit aux héritiers du mari, nous sommes forcément amenés à conclure que les créanciers du mari peuvent aussi intenter l'action en nullité ; du moment qu'on admet les héritiers à l'exercice de ce droit, nous ne voyons aucun motif particulier pour exclure les créanciers.

Les tiers qui ont contracté avec la femme ne peuvent opposer la nullité résultant du défaut d'autorisation ; il en résulte que la femme peut, sans autorisation, obliger les tiers et ne pas s'obliger envers eux. Le sort du contrat dépend de son choix, si le mari n'intervient pas pour en demander la nullité ; le juge-t-elle avantageux, elle l'exécutera comme s'il était entièrement valable ; dans le cas contraire, elle s'en dégagera en faisant usage de l'action en nullité qui lui appartient. Les tiers seront-ils donc tenus d'accomplir toutes les obligations résultant du contrat consenti par eux, sans pouvoir prendre aucune garantie contre les pertes dont ils seraient menacés par suite de cette action en nullité ? Cette décision serait bien rigoureuse, et nous ne voyons pas qu'il soit défendu aux tiers de prendre des sûretés pour tout ce qui n'est pas encore irrévocablement accompli. Aussi croyons-nous que le tiers acquéreur d'un immeuble de la femme pourrait invoquer l'art. 1653, Code Nap., et se dispenser d'effectuer son payement, sauf ratification, ou toute autre garantie, telle qu'une caution. Mais l'équité ne serait pas suffisante pour donner à ce tiers le droit d'interpeller la femme, pour qu'elle ait à prendre parti entre la nullité ou la validité. L'art. 1304, Code Nap., s'oppose à cette manière de procéder, car il donne à la femme un délai de dix années, après la dissolution du mariage, pour annuler ou ratifier le contrat qu'elle a contracté; on ne saurait donc, sous aucun prétexte, abréger le temps qui lui est accordé par la loi.

Cette règle, que les tiers ne pourront jamais intenter l'action en nullité résultant du défaut d'autorisation de la femme, a soulevé, en ce qui concerne les donations, une controverse qu'il importe de rappeler.

Si une femme accepte, sans autorisation, une donation entre-vifs, beaucoup d'auteurs soutiennent que la donation est absolument nulle, et que la nullité peut être invoquée par le donateur lui-même.

Voici, brièvement résumés, les principaux arguments de ce système : l'autorisation du mari fait partie de l'acceptation, qui est une des formes de la donation, puisque les articles qui s'occupent de cette acceptation (931-937), sont placés précisément dans la section intitulée : *De la forme des donations entre-vifs*; or la donation entre-vifs est un acte solennel qui ne peut légalement exister qu'autant que toutes les formes requises par la loi ont été remplies; donc, la donation qui n'aura pas été acceptée avec le consentement du mari, sera absolument nulle, puisque l'art. 934, qui s'occupe de l'acceptation de la femme mariée, exige le consentement du mari. Voilà pourquoi M. Jaubert, dans son rapport au Tribunal, a déclaré que « l'acceptation qui ne lierait pas le donataire ne saurait engager le donateur. »

Malgré la très-grande autorité de ses partisans, nous n'admettrons pas cette doctrine.

D'après l'art. 225, Code Nap., la nullité fondée sur le défaut d'autorisation ne peut être opposée *que par la femme, le mari et leurs héritiers*.

Ce serait une singulière négligence de la part des rédacteurs, d'avoir oublié, en écrivant cet article, qu'ils avaient, dans l'art. 217 (1), mis sur la même ligne la donation et les contrats à titre onéreux, et que, par conséquent, cet art. 225 leur serait indistinctement applicable. De plus, est-ce que l'art. 1125, Code Nap., second alinéa, ne dit pas encore, de la manière la plus formelle, que les tiers ne pourront invoquer l'incapacité de la femme mariée avec laquelle ils auront contracté? Mais on prétend que l'acceptation est nulle dans la forme, parce qu'elle n'a pas été autorisée par le mari. Ici, il nous paraît certain qu'on a confondu les formes de la donation avec la capacité des parties. L'acte notarié avec minute, l'acceptation en termes exprès, voilà les formes. Il est vrai que la section qui renferme l'art. 934, lequel exige le consentement du mari ou l'autorisation de justice, est intitulée *de la forme des donations entre-vifs;* mais cet argument est-il bien sérieux? Est-ce que ce n'est pas aussi dans cette section que le législateur a déclaré, quels biens les donations ne pourraient comprendre (art. 943), sous quelles conditions elles ne pourraient se faire (art. 944), etc.? Or, ce ne sont pas là,

---

(1) Art. 217. « La femme, même non commune ou séparée de biens, ne peut donner, aliéner, hypothéquer, acquérir à titre gratuit ou onéreux, sans le concours du mari dans l'acte ou son consentement par écrit.

assurément, des questions de formes. « Il y a plus, dit
« M. Valette (1), c'est que dans cette même section, un
« autre article nous fournit, par sa rédaction, un argu-
« ment nouveau. L'art. 934, exigeant l'autorisation du
« mari, pour l'acceptation de la femme donataire, ou en
« en cas de refus du mari l'autorisation de justice, dit que
« c'est conformément à ce qui est prescrit par les art. 217
« et 219, au titre du Mariage; et dans ces deux articles,
« le défaut d'autorisation du mari ou de justice est con-
« sidéré comme une simple incapacité, et par consé-
« quent une nullité purement relative. »

Quant aux paroles du tribun Jaubert, elles sont sans
doute, comme bien d'autres qui furent prononcées, l'ex-
pression d'une opinion individuelle qui ne fut pas accueillie par la loi.

Nous ne connaissons qu'un seul cas où la nullité résultant du défaut de consentement serait absolue et pourrait
être invoquée par tous; c'est le cas où la femme aurait
employé des manœuvres frauduleuses pour engager les
tiers à traiter avec elle. Si la femme avait simplement
déclaré qu'elle n'était pas mariée, nous croyons qu'on
pourrait invoquer, par analogie, l'art. 1307, Code Nap.,
et que, par conséquent, cette déclaration ne ferait point
obstacle à l'action en nullité.

Cette action en nullité peut s'éteindre : 1° par la ratification tacite; 2° par la ratification expresse.

La ratification tacite résulte de l'exécution volontaire
de l'acte entaché de nullité relative. Ainsi pourrait-elle

---

(1) M. Valette, *Notes sur Proudhon*, t. II, p. 480.

résulter de l'exécution donnée à l'acte par la femme seule, si le mariage est dissous; mais quand le mariage subsiste, l'autorisation du mari ou de justice est nécessaire. Il y encore ratification tacite par l'expiration d'un délai de dix années (art. 1304). Ce délai, qui ne court contre la femme qu'à partir de la dissolution du mariage, paraît devoir courir contre le mari, à partir du jour qu'il aura connu l'acte entaché de nullité. Si la loi, pendant la durée du mariage, suspend en faveur de la femme la prescription de l'action en nullité, c'est qu'elle a supposé que la femme préfèrerait souvent garder le silence, même à son détriment, plutôt que de faire connaître à son mari la faute qu'elle a commise, en voulant se soustraire à sa surveillance et à son autorité.

L'art. 1304, Code Nap., est spécial aux contrats, à l'égard des jugements qui concernent la femme non autorisée, la ratification tacite résulte de l'expiration des délais de rigueur, après lesquels toutes les voies de recours ouvertes pour attaquer ces jugements seraient fermées à la femme comme aux tiers.

La ratification expresse consiste dans la renonciation à l'action en nullité, elle doit être faite conformément aux formalités prescrites par l'art. 1338, Code Nap. Lorsque les deux époux ratifient d'un commun accord, la nullité est réparée et il ne manque plus rien à la validité de l'engagement. Si la femme ratifie seule pendant le mariage, cette ratification n'a pas plus de valeur que son premier engagement. La ratification expresse faite par le mari a évidemment pour conséquence la perte de son action en nullité, mais enlève-t-elle aussi à la femme le droit de se prévaloir de son action en nullité?

Cette question est très-délicate, et a donné lieu aux deux théories suivantes :

1er *Système.* — Ce qui manquait à la validité de l'acte fait par la femme, c'est le consentement du mari ; ce consentement est intervenu, l'acte recouvre à l'égard de tous, et dans toute son étendue, sa force légale. Au moment où le mari confirme cet acte la femme ne l'avait pas attaqué, c'est donc à sa volonté présumée persistante que vient se joindre la volonté du mari, l'acte doit donc être aussi valable que s'il avait été le résultat du consentement simultané du mari et de la femme. L'art. 183, Code Nap., fournit encore un argument ; cet article donne à la ratification des ascendants, ou de toute autre personne dont le consentement était requis, la puissance de détruire l'action en nullité dans les mains du mari mineur qui s'était marié sans le consentement de ces personnes. Enfin il résulte des travaux préparatoires du Code, que le projet de l'art. 217, Code Nap., contenait ces mots : « le consentement du mari, quoique « postérieur à l'acte, suffit pour le valider. »

2e *Système.* — L'action en nullité de la femme ne peut être à la disposition du mari. Lorsque la femme fait un acte sans le consentement de son mari, deux actions en nullité naissent à la fois, l'une au profit du mari, l'autre au profit de la femme ; la femme ne saurait donc jamais par le fait seul de son mari, être privée d'une action qui est entrée dans son patrimoine. Pour enlever à la femme cette action en nullité, il faudrait un texte spécial, comme l'art. 183, Code Nap., qui se justifie du reste par la faveur toute particulière accordée au mariage. Enfin l'article 1304, Code Nap., s'oppose à ce que l'action en nullité soit ainsi enlevée à la femme ; cet article déclare en effet que la prescription de dix ans ne court contre la femme que du jour de la dissolution du mariage. Or si la ratification du mari pouvait éteindre l'action de la femme, comme le silence gardé pendant dix ans par le mari est une ratification tacite, la femme pourrait, même pendant le mariage, après dix ans écoulés depuis l'acte, se trouver privée de son action en nullité, l'art. 1304 serait donc violé.

Pour lequel de ces deux systèmes faut-il opter ? Notre embarras est grand, car il nous semble que de part et d'autre on s'appuye sur une sérieuse argumentation. La première doctrine nous paraît la plus simple, et cependant en présence de l'art. 1304, qui lui est si habilement opposé, nous croyons la seconde plus juridique, et c'est elle, par conséquent, que nous adoptons.

## POSITIONS.

—

## DROIT ROMAIN.

I. Le mari est propriétaire de la dot, la femme ne l'est pas.

II. La propriété du mari, quant aux meubles, n'était point restreinte par la loi Julia.

III. La loi Julia ne s'applique pas aux immeubles apportés en dot avec estimation.

IV. De même que la loi Julia ne concerne point l'aliénation nécessaire, de même elle ne concerne point la transmiss on qui s'effectue *per universitatem*.

V. La prohibition de la loi Julia s'applique non-seulement quand le mari est devenu *dominus ex jure Quiritium* du fonds dotal, mais encore quand il l'a *in bonis*.

**VI.** La femme ne peut pas en intercédant renoncer au bénéfice du sénatus-consulte Velléien.

**VII.** La femme, quoique restant capable de prêter de l'argent à un tiers, peut néanmoins avoir besoin d'invoquer, à raison d'un prêt de cette nature, le sénatus-consulte Velléien.

**VIII.** L'action restitutoire accordée au créancier repoussé par l'exception du sénatus-consulte Velléien, n'est pas un *restitutio in integrum.*

**IX.** Lorsque la femme avait reçu quelque chose pour intercéder, elle ne pouvait pas invoquer le bénéfice du sénatus-consulte Velléien.

## DROIT FRANÇAIS.

**I.** La ratification faite par le mari d'un acte passé par la femme sans autorisation n'enlève pas à cette dernière son action en nullité.

**II.** Les actes dont la nature civile ou commerciale n'est pas bien déterminée sont réputés de plein droit faits par la femme dans l'intérêt de son commerce.

**III.** Les obligations contractées par la femme séparée

de biens, pour cause d'administration, sont exécutoires sur tous ses biens meubles ou immeubles.

IV. La nullité de l'acte fait sans autorisation, peut être proposée par la caution de la femme, à moins qu'il ne soit prouvé que la caution est intervenue pour garantir le créancier de cette cause de nullité.

V. L'autorisation tacité du mari ne peut résulter d'autres faits et circonstances que du concours du mari dans l'acte.

VI. La justice ne peut autoriser la femme à faire le commerce.

VII. Le tiers ayant passé un contrat avec une femme non autorisée, peut refuser de lui faire un payement, si elle ne lui donne pas des sûretés contre la nullité qui le menace.

VIII. L'autorisation du mari n'est pas nécessaire lorsque la partie civile intente sa demande contre la femme, devant un tribunal de justice repressive.

### HISTOIRE DU DROIT.

I. En Germanie la propriété foncière était inconnue

à l'exception de l'habitation, propriété individuelle de chaque famille et de la terre entourant la Sala.

II. La communauté a ses origines dans le droit germanique et dans la constitution de la société du moyen âge.

III. L'ouvrage connu sous le nom d'Établissement de Saint-Louis est un coutumier de l'Orléanais, rédigé avant 1270.

### DROIT DES GENS.

I. Les dettes contractées par nn ambassadeur, avant ou pendant le cours de sa mission, ne peuvent pas autoriser à des saisies ou autres actes de juridiction contre sa personne.

II. Une nation belligérante peut visiter les navires de commerce d'une nation neutre, pour s'assurer qu'ils ne portent pas de la contrebande de guerre.

### CODE PÉNAL.

L'art. 365 du Code d'instruction criminelle est

applicable uniquement aux crimes et délits de police correctionnelle.

Vu par le Président de la Thèse,<br>DEMANGEAT.

Vu par le Doyen de la Faculté,<br>C.-A. PELLAT.

Permis d'imprimer :

Le Vice-Recteur de l'Académie,<br>A. MOURIER.

LOIS